矛盾の水害対策

―川と森と人のいとなみから公共事業のゆがみをただす―

谷誠
Makoto Tani

新泉社

ブックデザイン　山原　望

第1部　水害対策と対立の歴史

第1章　水害ではなぜ対立が生まれるのか

第2部 対立緩和に必要なのは自然を理解すること

第3部 人新世の時代の水害対策

はじめに

0・1 自然災害の原因は地球活動である

近年、日本でも世界でも大きな自然災害が発生している。地震や火山の噴火は、最近になって特に増えてきたわけではないだろう。だが、大雨による水害や土砂害、日照り続きによる水不足など、雨の降り方が関係する水災害は、たしかに、気候温暖化という人間活動の拡大の結果によって、規模が大きく頻繁になってきた。

自然災害が起こる根本原因は何かというと、地球の活動である水循環や地殻変動である。水害は、水循環（太陽のエネルギーによって海水が蒸発し、大気中で雲になり、それが雨などになって陸に降り、それが川などを流れて海に至る一連の流れ）の一部を成す雨の量が、ある時極端に大きくなることが原因で起こる。反対に、雨量が異常に小さくなると渇水害が起こる。

地震災害は、海や陸をのせてゆっくり動いている岩盤であるプレートが、それに接する隣の岩盤のプレートの動きに引っ張られること（地殻変動）によって起こる。また、10万年以上の長期間の地殻変動は岩盤を隆起させて山を造る。高い位置まで押し上げられた岩盤は、雨水によって削られ、複雑な山地地形ができる。そして岩盤が風化してできた土や石は、雨水によって川の下流に運ばれる。こうした地球活動が、山くずれや土石流などの土砂害の根本原因になる。

さて、ひとつの災害が起こると、同じ規模の大雨や地震などの地球活動に対して、二度と被害が起こらないよう対策が練られる。災害をなくすことはできないとしても、同じ規模の地球活動に対して同じ程度以上の被害が生じないようにすることは、人間にとって基本的な欲求のひとつだろう。それゆえ、災害対策の目的は、被害を減らすことである。ところが、はじめに述べたように、最近は人間活動が拡大して災害が増えたという印象がある。減災の意図とは逆に災害が増えてゆくのだとすれば、何とも悩ましい話である。その背景には、人間活動が拡大してゆくことで生活が安全になるプラス面と人間活動によって被害が拡大するマイナス面という光と影が並行的に進行している実態がある。また、日本の水害対策は下流の都市の被害を減らす目的で行われることが多く、その結果、災害対策で利益を受ける人と上流のダム用地の提供者などの不利益をこうむる人に分かれてしまうという問題も繰り返し起こってきた。

0・2 なぜ、水害はなくならないという前提に立てないのか

本書では主に川の氾濫による水害を取りあげる。

私は、森林水文学《すいもんがく》の専門家として、50年にわたって森の水循環に及ぼす影響に関する研究を行ってきた。普通の人が「森林水文学」あるいは「水文学」という言葉を耳にすることは、ほとんどないと思うが、水文学というのは、気象学と同様、地球科学に含まれる主要な学問のひとつである。そして、その水文学の重要な目的は、水害対策の科学的根拠を与えることである。後で詳しく説明するが、水害を減らそうとする国の対策（河川整備事業）は、国土交通省（以下、国交省）を代表とする河川管理者が河川法という法律に基づいて行う公共事業である。その河川整備事業計画においては、水文学に基づいて「基本高水流量《きほんたかみずりゅうりょう》」などの、達成目標が定められ、ダムによる貯留効果はその計画目標達成の前提となっている。つまり、大雨があった時、川を氾濫なく流せる流量という計画目標は、ダムがあることによってはじめて達成できるように、事業計画が作られている。

ところが、ダムが完成してこの計画目標が達成されても、決して水害はなくならない。水害は地球活動によって発生し、予想を超える大雨がいつ降るかわからないからである。だとすれ

ば、「水害対策における計画目標の達成」には、矛盾が含まれていると言うべきだろう。

実際、国交省の河川官僚OBの発言をひもといてみると、彼らはこの矛盾について以前より十分認識していたことがわかる。けれども国は、国交省が住民に対してこの矛盾点を正直に説明することを許さず、むしろ、ダム建設を含む目標達成によって水害がなくなるかのように喧伝してきた。にもかかわらず、水害がいったん発生して裁判になると、国は一転して「水害がなくならない真実」を主張し、これを根拠に国の責任を回避してきた。要するに、裁判で負けてしまうと事業を円滑に進めることができなくなるとして、全力を挙げて被害者である原告の主張に反論するのである。誰もが避けたい水害に対して、事業を行う国と住民とが協力し合うのが本来するべきことなのに、こうした主張の対立が繰り返されてきた経過は、国民にとってほんとうに情けない現実である。もはや水害対策は破綻していると言っても過言ではない。

最近の降雨規模の増大による大水害の頻発に対して、国は、みずからが行う公共事業だけでは水害が防ぎきれないと、「流域治水」の重要性を強調し始めている。流域治水というのは、水があふれることを前提に、水を貯められる場所をたくさん確保したり、危険な場所に住まないようにしたり、といったあらゆる対策を組み合わせて被害を小さくしようという考え方である。これによって、以前より国交省が熟知していた「水害対策の計画目標を達成することの矛盾」が、誰の目にも明らかになってしまったわけである。だとすると国がなすべきことは、破綻した水害対策事業のあり方を根本から見直すことである。だが、国交省のホームページを見ても、流域治水事業の意義をわかりやすく丁寧に国民に説明してその協力を求めるという従来の姿勢がそのまま残っていて、これでは、水害がなくならない真実と、ダムを前提とする計画目標を達成することの間にある矛盾が放置されたままである。つまり、流域治水という対策ではこの矛盾が何ら解決されていないことが示されていない。これこそが水害対策に国民のコンセンサスが得られない最大のキーポイントである。

0・3　水害対策に必要なふたつの提案

そこで、本書ではふたつの提案をしたい。ひとつは、水害対策を考えるためには、すべての関係者が自然への理解を深めるべきだという提案である。

国の河川整備事業は、大雨の規模を定めて、それによる流量を氾濫なく流せるようにダムや堤防を造ることが計画目標になっている。それには矛盾が含まれていることはすでに指摘した。したがって、この矛盾を認めたうえで、アクセルとブレーキの同時踏みのイタチごっこを改善するには、森林水文学の専門家として私は、水の循環にかかわる、森林などの生物のかかわりに関する最新科学の知見から学ぶ必要があると考えている。ところが研究者を含む多くの識者は、「森林のはたらきには限界があるからダムや堤防を造るべきだ。森林効果の過信は科学を知らない素人の思い込みだ」と考える傾向がある。これに対し、最近になって私は、「そんなことはない。地球と生物のかかわり合いは人々の常識以上に巧妙かつ壮大なもので、生態系を構成する植物や微生物の巧みな生き方こそ、私たち人間社会の持続性の条件となっていること、これに関する最新の知見を認識しなければ流域治水などの試みは先に進まないこと」を確信できるようになった。これまでの長年の研究成果が水害対策に適用できる「機が熟してきた」ように感じられるのである。

もうひとつは、水害対策が国交省のいわば縦割り行政に閉じ込められるようなものではなく、社会全体の「厄介な問題」として認識すべきだという提案である。

例えば、降雨規模の変化を水害対策に活かす研究はすでに始められている。しかし、降雨規模そのものを大きくしないようにする対策も、水害被害の軽減のためには必要なはずであるが、これは遅々として進んでいない。国交省の管轄ではないためだろうが、ほかの省庁すべてを傘下に置く国には大きな責任があるはずである。

また、社会は温暖化の問題をかかえているだけではない。将来に向けて日本が直面している問題は数多く、災害の問題とのつながりが多々ありそうである。その一端を列挙してみよう。

温暖多雨という恵まれた自然をもつ島国において、人々が飢えることなく、紛争を起こさず、平穏に暮らすためには、決して広くない国土を有効に利用することがいのいちばんに重要であろう。しかし、明らかに川の上流域では過疎が極端になってきており、米を中心とする食料供給能力が衰えてきている。災害はなくならないのが真実なのだから、いくら予算を積んでも人口が密集した下流都市の大水害は防げないのも事実である。にもかかわらず、その対策としてダムによって上流に犠牲を強いる国土強靭化が図られている。また、田んぼダムに水害減少効果があるとして、農家にその効果について理解を求める農林水産省の政策も進められている。しかし、人が住まない上流地域を防災インフラで固めることが将来の社会に向けた望ましい災害対策だという国の発想は、食料の危機を招きかねないため、完全に間違っている。

また、水源の山地では、収穫期を迎えたスギ・ヒノキ人工林の伐採が進み始めているが、盗伐や伐り逃げなどによって植林されずに放置されているところも多い。たとえ植林されたとしても、シカ等の野生動物の食害によって、下草まで食べられて土壌が侵食されてゆき、森林再生はおぼつかない。加えて、山くずれや土石流は、地球活動のひとつだから、決して止まることはないが、砂防ダムや治山ダムで貯められる土砂量には限界があるため、土砂害はなくならない。それゆえ、森林管理と河川管理はつながっており、決して切り離せないのである。だが、国にも国民にも、両者の関係の重要性はいまだに理解されていない。

さらに、堤防・ダム・上下水道・道路などのインフラストラクチャー（以下、インフラ）が、本来の機能を発揮し続けるためには維持作業が不可欠であることも指摘しなければならない。現在のようにどんどんインフラを増やすだけでは、少子化による労働力の減少もあって、その強度劣化が心配になる。劣化したインフラは特に危険で、大地震や極端な豪雨によって破壊されたら、被害はより拡大し、大惨事になるだろう。

このように、日本の今後を見据えた時の災害対策は、たいへんな難題だといえる。災害対策が社会の安全を守るブレーキのひとつだと位置づけたとしても、人間活動の拡大によるアクセルが圧倒的に大きければ、持続的な社会の安全を守るたくましい力にはとうていならない。踏み続けるアクセルを控え、社会の持続性を図る政策全体と一体化した災害対策がどうしても必要なのである。

0・4 水掛け論を超えた水害対策を探る

以上のように、自然災害は地球活動を根本原因として発生するので、災害の根絶を達成することは原理的に無理である。また、人間自身がその活動の拡大によって災害による被害を甚大にする原因をどんどん作っているのだから、結果的に災害対策による減災の実効性が乏しくなる。この不幸な事実をふまえた時、水害対策は具体的にどうすればいいのだろうか。本書の問題意識はここにある。

水害を減らすには、ダムの貯留効果による大雨時の流量を低くすることが不可欠だという意見がある。一方、ダムの流量低下効果はたいしたことがなく、環境保全の観点からできるだけダムを造らずに水害対策を工夫すべきだ、との意見もある。だが、こうしたダムに関する賛成反対の論争は、そもそもかみ合わないようにできあがっているのではないだろうか。なぜなら、ダムは大雨時の流量を低下するために多額の税金を費やして建設するのだから、水害対策に効果があるのはあたりまえである。一方、川の流れを大きな構造物で遮断するのだから、ダムがあることで川の環境に影響が及ぶのもまたあたりまえである。あたりまえのことを両者で主張し合うので、論争において妥協点を見いだしようがないのである。そもそも水害を含む災害をもたらす自然のいとなみとは何かを考え直さないかぎり、この論争のループから脱することはできないように思われる。ダムを典型例に挙げたが、水害対策をめぐっては、こういう論点がかみ合わない水掛け論が頻繁に起こる。

コンセンサスを得るための手がかりは、自然を深く理解することによって、ブレーキとアクセルを同時に踏む現代社会のあり方を見直すことに求められそうである。では、固定化された対立やかみ合わない論争から脱することは可能なのだろうか。むずかしい課題であるが、本書ではひとつひとつ検討していきたい。

第1部では、水害対策の歴史を江戸時代にさかのぼって調べるとともに、現行の河川整備事業のかかえる問題点を整理し、先達の努力にかかわらず国と利害関係者との対立が固定化してしまったのはなぜかを考える。第2部では、対立を緩和するには水害発生にかかわる自然のメカニズムについての理解を深める必要があるとして、最新の水文学の成果を詳しく解説する。

第3部では、この自然理解を受けて、現代における水害対策をどのように改善すればいいのか、望ましい水害対策の基本を提案し、実現するための根拠を提示したい。

水害対策はどうしてゆけばいいのか、本書を手がかりに、みなさまもぜひ議論の輪にはいっていただきたい。

第1部

水害対策と対立の歴史

第1章

水害ではなぜ対立が生まれるのか

1・1 災害復旧工事を繰り返して造られてきた風土

日本の水害対策について過去に振りかえることから、話を始めよう。

けわしい山が連なる日本列島の川は短い。川は山から水と土を運び下流や海岸付近に土を堆積させて平地を造る。人間のいなかった原始時代、温暖多雨の気候に恵まれた日本列島は、山も平地も森林におおわれていた。だが、大雨があると、川はあちらこちらで氾濫して流路を変える。池や沼もあちこちに新しくできる。その原始状態を前提に人間はクリなどの果実を拾い、鳥獣や魚を捕まえて暮らしていた。

ところが、農業を行うようになって以降、人間は森林を伐《き》って住居と農地を同じ場所に固定させ、自然をみずからの暮らしに適するように変え始めた。そうすると、裏山、川、森、池・沼などに囲まれた住み家は、大雨による水害を受けるようになる。つまり、川が氾濫したり、土砂くずれで住居が押しつぶされたり、田畑の地盤が削られたりする。そうなると、同じ場所に住み続けるには、被害を復旧する必要が生じる。そこでこの水害の頻度を減らすために、改良の試みが生み出されてくる。川に堤防を築いたり、たまった土砂をさらえたり、住居や田畑のまわりに石垣を積んだり、風よけの樹林で住居を囲ったり、といったさまざまな災害対策を工夫することになる。それでも、降雨規模が大きい場合は防ぎきれないから、壊れた場所の修繕を繰り返しながら暮らすことになる。

川の堤防などのインフラの維持は、昔から村々における共同作業として行われてきた。イネが食料となる時代になると、もともと森林におおわれていた土地を、水田というイネに適した湿地に変えなければならなくなる。よって、ため池や用水路というかんがい用のインフラも必要となる。これらは防災目的ではないが、水の流れとかかわりの深いインフラであって、大雨によってたびたびこわれてしまう。そのため、農村での重要な共同作業として修繕が行われ、地域ごとに高度な技術が生み出されて生活が維持されてきたのである(1)。

ところが、川は、村全体、隣の村、さらに上下流の村や町とつながっているため、ある村が堤防かさ上げなどの工事を行ったりすると、以前は上流側で氾濫していた川が、あふれずにそのまま流れてきて下流で氾濫する事態となる。その結果、上流・下流の対立が起きるため、川に沿う多数の村をまとめる利害調整が重要になってくる。つまり、特定の場所の改良工事を勝手に行うことはむずかしく、場所と場所とを線でつなぐという川の自然性は、社会に大きな影響を与えてきたのである。

改良工事によって、ため池や堤防などといったかなり規模の大きなインフラが完成しても、それで終わりにはならない。これらがより大きな雨によって破壊されるという新たな事態が起こるからである。たしかにインフラで水害発生の頻度は下がるが、雨の規模には上限がないので、水害がなくなるわけではないし、新たなインフラがあることを前提とする暮らしとなるため、その修繕のための維持工事が始まる。大きな川の場合は、堤防などのインフラ維持に関して、上流と下流との、また右岸と左岸との利害調整が非常に重要になる。加えて、維持工事に大きな労力を調達する必要が生じる。こうした必要性が、関係する地域全体を支配する立場を生み出しやすくし、封建時代なら領主がその役割を担う場合が多かった。つまり、場所と場所の間の横の関係に加え、支配・被支配という縦の関係が加わることで、社会の構造が複雑になるわけである。

このように、ある時代の人々の暮らしは、過去の川へのはたらきかけの蓄積とそれを維持することが可能な社会構造によって支えられている。しかし、規模の大きな雨はいつか必ず起こり、それによって川は氾濫し、堤防などのインフラは破壊されて甚大な水害が発生する。住民は住居や田畑が流される被害を受けるし、領主は年貢を失い、困窮者支援も行わなければならない。したがって、水害が起こると、被害に懲りた住民も領主層も、川をさらに改良したいとの欲求がますます高まってゆくのである。

そこで、現在の河道とは別に新しい河道を掘って、付け替えるような大工事も行われるようになる。それにより、大雨時に洪水が集中することで高い頻度で氾濫に苦しんできた旧河道周辺の人々は、水害が減る利益を受けることができるのである。そして旧河道の跡には新田が開発され、領主は年貢増加の利益を得ることができる。しかし一方で、新たな流路によって土地を奪われた農民には不利益が生じるし、新田地域における水はけの悪さによる内水氾濫の被害など、新たな問題も発生する。だから改良の規模が大きくなると、それから波及するマイナスの影響が無視できないどころか、大きな不利益をもたらす場合が多い。それゆえ、川に改良を加えた場合、そのインフラを維持するため、また副作用を抑えるため、さまざまな努力が繰り返されなければならなかった。いずれにせよ、水害はかたちが変化しても決してなくなることはない。私たちの祖先は、川の自然性と支配被支配の社会構造に苦闘する歴史を刻んできたのである。

農業史で大きな業績を挙げた古島敏雄は、土地と川に対する人々の過去のはたらきかけを復元し、そこから技術や支配構造を見いだす研究を行い、『土地に刻まれた歴史』を著した。後記から引用したい(2)。

人間労働の働きかけによって変容した自然こそ、時代時代の人間活動に対する自然的与件であって、素朴な意味の自然とは異なったものであり、風土という言葉はそのような変容を受けた自然をあらわすのに好適なように考える。（中略）ふつうに自然災害とよばれるものは、私にとってはすべて人間の自然への働きかけの結果生じたものであって、単なる天災というものはないと考えるのである。

本書も古島にならって、水害は人間のはたらきかけによって造られたインフラを含む川という風土に生じるものととらえたい。

1・2 川のもつ自然性からもたらされるふたつの困難

川は人間のはたらきかけによって造り出されたインフラと一体化した風土とみなすことができる。にもかかわらず、社会において、川をめぐる人間と人間との対立が生じるのはなぜなのだろうか。その理由を考えてみよう。

これを考えるうえでは、川が地球の水循環というなまの自然の一部である事実を見逃すわけにはゆかない。液体の雨や固体の雪のかたちで上空から降ってくる水（降水という）が地面に落ち、標高の低い海に向かって重力によって移動する自然現象は、太古から現代に至るまで、何ら変わらない。人間が新しい水路を造り出しても、ため池やダムを造って貯留させたとしても、流れのかたちが部分的に変化するに過ぎない。

本書では、川のもつふたつの自然性を考える。ひとつは空間的な自然性である。すでに、川は上流と下流を流れによって線状につなぐものだと説明したが、流域全体を見渡せば、多数の支川から成る樹枝状の水系を成しており、ローカルな場所と場所が互いに面的に複雑な関係をもつことになる。さらに、雨水は川に集まる前には、川以外の地表や地下を通過するため、雨の集まる集水域（以下、流域と呼ぶ）全体が水の流れによって相互につながることが理解できるだろう。その結果、例えば水源山地の里山の斜面に生えている木や草を肥料や木材として利用した場合、下流地域に流れ出る土砂の流出量が増えるなど、地域間に利害関係が生じる。水の流れが場所と場所をつなぐという空間的な自然性があるがゆえに、別の場所に住む人々との間の利害は一致しない。川はむずかしい社会問題を引き起こすわけである。

もうひとつは、降水がもつ時間的変動に由来する自然性である。はげしい雨や弱い雨という時間変化があるのはもちろん、そもそも、晴れ・曇り・雨・雪という天気の変化も降水の時間変動の一形態である。そう考えれば、年単位における降水量の差が社会のあり方にとって問題になる。洪水や渇水による被害がほぼ毎年起こるということなら、そこで生活を維持することは困難である。また、5年、20年、１００年と期間を長くすれば、規模のより大きな大雨や日照りが、少なくとも1回は発生する可能性が高くなる。例えば、5年に1回起こる程度の大雨での水害を想定した暮らしと、１００年に1回起こる程度の大雨での水害を想定した暮らしは大きく異なるであろう。つまり、降水の時間変動で起こる大雨や日照りの規模は、めったに起こらないものほど大きくなる。そういう降水のもつ時間変動の自然性が人間社会に大きな影響を及ぼすのである。したがって、降水の時間変化という自然性をどのようにとらえるかは、災害対策においてきわめて重要なポイントである。

以上から、川には主としてふたつの自然性が備わっており、過去の人間のはたらきかけの蓄積がこれに加わって、多様なかたちで水災害が発生することがわかるだろう。川には人間の努力ではどうしても乗り越えられない自然性があるにもかかわらず、暮らしを続けるためには、水害・土砂害・渇水害などの川の流れにかかわる水災害に何らかの対策を加え続けなければならないのである。私たちの社会は、そういう根本的なむずかしさをかかえている。

すでに述べたように、これまで、大きく分けてふたつの対応がなされてきた。ひとつは、災害が生じた場合にインフラを修繕し、必要な元の生活を取り戻そうとする維持回復的な対策であり、もうひとつは、新たな効果を期待して川をより良くしてゆこうとする改良追求的な対策である。これらの対策を比較すると、後者の方が社会的には問題がよりむずかしくなりやすい。なぜなら、期待していた新たな効果がもたらされる一方、どうしても乗り越えられない川の自然性によって、予期できなかった新たな問題も生じるからである。

現在の国交省が進める治水のための河川整備事業では、この改良を追求する発想から、厄介な問題が生じやすいように思われる。実際、川の管理を行う国と氾濫による水害を受ける住民との間に、良好な関係が取り結ばれてはいないという不幸な事態が多数見いだされるからである。そこでまず、対立が最も際立つかたちで表れる水害裁判を紹介し、なぜ、そうしたにらみ合い的な関係が生じるのかについて考える。次に、そうした不幸な対立関係がつむぎ出されてきた経過を、江戸時代の河川事業にさかのぼって調べることにする。

1・3　大東水害裁判のかみ合わない対立

川の整備は国の公共事業として行われ、現在は国交省（2001年以前は建設省）の水管理・国土保全局（2011年以前は河川局）が担当している。川の管理についての権限をもち責任を負う組織は、河川法によって「河川管理者」と呼ばれている。河川管理者（以下、管理者）は、川の区間ごとに、国の地方部局である地方整備局（以下、地整、2001年以前は地方建設局）、都道府県、市町村などと決められている。

さて、これまで管理者は多数の裁判に向き合ってきた。ひとつは、ダム建設などにともなう土地収用反対の訴訟である。もうひとつは、水害をこうむった被害者からの国家賠償法に基づく損害賠償を求める訴えである。後者の裁判で最も重要なのは、大阪府の大東市《だいとう》を流れる寝屋川支流の谷田川《たんだがわ》というきわめて小さな川で起きた水害に対する、１９８４年の最高裁判決である。以下にこの裁判の意義について詳しく説明する(3)。

生駒山系から出て平坦地の住宅開発地を通り寝屋川に流入する谷田川を含む地域に、１９７２年７月の大雨によって床上浸水が発生した。当時、国鉄片町線（現在ＪＲ学研都市線と呼ばれている）の野崎駅付近に、川幅が上下流より狭い１・８ｍしかない部分が３００ｍほど存在していた。その部分には戦後、川をまたいで29戸の家や店舗が建てられており、当局の許可も与えられていた。被害者はその狭い部分を改修していなかったことが水害発生の原因だとして、管理者に損害賠償を請求したのである。第一審の大阪地裁と第二審の大阪高裁は、この訴えを認め、被害住民は勝訴した。

こうした川の特定箇所に問題があって生じた水害に対して、１９７０年代に起こされた裁判の第一審では、同様の理由で住民が勝訴する場合が多かった(4)。川は流域に降った雨を完全に流下させる機能を備えるべきだから、管理者は常にその機能を果たせるようにする義務がある、というのが裁判所判決の根拠であった。

根本原因は大雨にあるとしても、水害の被害を受けた人の立場に立ってみれば、川の特定の場所に何らかの問題点があったからこそ氾濫が起こり、その場所の上流や下流と比べてとりわけ大きな被害をこうむったと考えるのは自然である。また、水害発生と川の管理に関係があると感じるのも当然だろう。一方、その考えに基づいて起こされた裁判に対して、管理者は雨の規模が大きかったこと、川の管理に問題がなかったことを主張して反論し、裁判所の判断を仰ぐことになる。

ほかの裁判例も含めて考えれば、判断の勝敗がどちらに転ぶかは、事例により、裁判官により、さまざまになる。しかし、この事例では、誰が見ても適切とは思えない、住居でふたをされた溝のような部分が改善されないまま残されていたのだから、管理者は第一審で敗訴の宣告を受け、かなり追い詰められたはずである。しかし、大東水害に関する最高裁判決は逆に水害裁判の流れを大きく変えてしまった。

管理者は、第二審の高裁から最高裁を争う中で、浸水被害は問題の谷田川の川幅の狭い部分付近だけではなく広い地域に起きたものであり、支川谷田川を含む寝屋川水系全体としての改修工事が十分には進んでいなかったことが水害の原因だという主張を展開した。改修計画やその達成には当然長期間を要し、管理者としては水害を防げる到達点に向けて事業を進めていた。そのこと自体には落ち度はないというわけである。

建設省の全面的な応援を受けた管理者である大阪府や大東市は、水系全体の工事計画とその推進の中にみずからの責任を位置づけるという論理を構築していった。一方、被害を受けた住民は、川の特定の場所で水害が起こったからこそ管理者を訴えている。それゆえ、両者の主張にははっきりしたずれが出てきた。というよりは、管理者は、意識的に、主張がかみ合わないように誘導したとみるのが実際のように思われる。というのは、大阪府河川課職員として訴訟に携わった谷口光臣の以下のような感想が語られているからである(3)。谷口によれば、第二審が第一審と異なるポイントは次のようである。

今回の水害が単に谷田川という一小河川のc点（1・8mの川幅の地点：引用者注）という特殊な問題ではなく、寝屋川水系全体で生じた水害と同レベルの問題、即ち、寝屋川水系全体の治水レベルの問題であるとして捉える道が開かれたことでした。我々技術者サイドとしては、このように控訴審判決で自分達の土俵に乗せることと（原文ママ）ができたことで最高裁に期待を持っていたわけです。

果たして1984年の最高裁の判決は谷口の期待どおりの結果になった。判決は次のとおりである。通行止めにできる道路と違って、自然物である川に大雨があった時、水害発生を防ぐことには限界がある。また、予算制約もある中で改修目標を達成するには年月がかかる。改修目標に到達していない期間においては、中途段階での安全性をもたせるしかない。水害が発生して争点になっている特定の場所の改修工事を優先して行わなければならないよほどの理由がないかぎり、水系全体の工事を原則にのっとって進めている管理者に、賠償しなければならないほどの責任はない。こういう理由で、住民敗訴を言い渡したのである(5)。

判決の後、谷口ら直接の担当者は建設省河川局長らからねぎらわれた。裁判で国側の代理人を統括する法務省訟務局長は「巌《いわお》のような判決だ」と高く評価したそうである。国としてこの裁判に対する熱の入れ方が尋常でなかったことを実感させる。

谷口は、こうした水害裁判に対する管理者としての取り組みについて、次のように述べている(3)。

敗訴した場合どうなるのか。賠償金を払うことになりますが、それを税金から支払うということになるので、そのためには、議会の議決や承認が必要となり、また予算なども必要となります。議会の承認が必要になるということは、国民の理解が必要になるということで、また、論理・哲学・考え方で負けると他の事例・事案に大きく影響するということになります。例えば、谷田川のような小さな河川の裁判でも、負けてしまえば敗訴の判例となってしまい、淀川のような大きな河川にまで迷惑をかけることとなるので、頑張らざるを得ないのでございます。(中略)非常に後ろ向きでイヤな仕事ではございますが、争っていかざるを得ないのであります。

たしかに、河川整備事業は、国民の税金によって水害を防ぐ目的で行われる事業だから、いいかげんな工事をしていいはずはない。だが、谷口の述懐には、国交省を核とする河川管理者は、立場上、水害被害者からの訴えを全力で打ち負かさなければならないという宮仕えの嘆きがにじみ出ている。だが、強者である国が弱者である水害被害者に対して勝訴することが、水害を防ぐ目的で行う公共事業をスムーズに推進するためには不可欠であるという論理は、その事業そのものの性格に照らし、根本的におかしい。河川整備事業は、住民らと協力して水害対策を練り上げ、いざ被害が起こった時にも訴訟での対立が生じないようにすることがほんとうではないだろうか。本書でこだわって考えてゆきたい点はここにある。

　ところで、大東水害の裁判においては、谷田川の問題部分での氾濫による浸水（外水氾濫）と、寝屋川本川の水位が高くなるために問題部分を含む地域に降った雨水の排水が困難になって起こる浸水（内水氾濫）のウェイトが、裁判の争点となった。問題部分の家や店に立ち退いてもらって川幅を広げる工事を早めに行っていれば、今回の被害が大きくなっていなかったはずだ、というのは被害者の当然の主張である。これに対して、管理者は、寝屋川水系全体の工事がさらに進捗していたら、内水氾濫の被害は小さかったと主張する。この件について、第二審は水害の原因は両者五分五分だとの表現をしている。一方、最高裁判決は、この判断を否定し、問題部分での氾濫と水害の因果関係を認めている。それにもかかわらず、両判決の結論は反対であった(5)。

　そこで、この最高裁判決における、特定部分の氾濫と水害被害に因果関係が存在していても、水系全体の改修工事が問題なく進められているなら、河川整備事業を行う管理者には落ち度がないから責任は問えないという論理に注目したい(5)。なぜなら、この判決は、場所と場所とをつなぐという水の流れの自然性からもたらされる河川管理上の難問に対して、管理者にとってきわめて有利な論理を与えたことになるからである。

1・4 医療裁判との比較から水害裁判をみる

大東水害裁判の経過から、河川管理者の行う整備事業には、管理者と水害被害者の間の対立が避けにくい構造があることが確認できた。大雨という自然の現象によって引き起こされる川の氾濫について、河川整備事業の責任者である管理者とその被害を受けた住民とは、本来、水害を減らそうとする同じ目的を共有するはずである。しかし、ここでは、その前提が問題になり、裁判で主張がかみ合わなくなっている。

川の水害対策を患者の治療を行う医療と比べて考えてみよう。医者の仕事は患者の病気を治すことであるが、治せずに患者が亡くなることもある。だが、裁判で医者が患者やその遺族から訴えられるのは、誤診や不適切な手術などで、医者に瑕疵《かし》が疑われるよほどの場合に限られる。医療上の瑕疵とは「本来なされるべきであった治療措置が行われなかった」ということである。医者と患者は病状の回復による健康の維持という治療目的を共有しているから、争い合う関係になることは通常あり得ない。

この医療の事例を参考に川の場合の管理者の責任を考えてみると、本来なされるべきであった水害対策が行われなかったことが瑕疵になるということである。大雨は地球の活動に基づく自然現象であるから、その規模が大きい場合には、当然、防げずに水害が起きることもある。医師が必死に治療に努めても重篤な患者が死亡するのと同様、不可抗力と言わざるを得ない。たしかに、管理者の責任を無限に追及することには無理がある。

もしも、被害者が特定の場所での水害に対する管理者の責任を追及する一方、管理者が、その場所での氾濫防止に努めていたのにかかわらず、大雨によってやむを得ず氾濫が起こったので、水害は不可抗力だ、と主張したとしよう。その場合は、医療裁判と類似した水害裁判の展開になる可能性がある。特定場所の氾濫原因の瑕疵の有無に焦点があてられ、裁判官に判断がゆだねられるからである。

しかし、大東水害の最高裁判決はそうではない。先に述べたように、川によって各場所が互いにつながっているという水流の自然性が考慮され、河川管理者の対策工事の主要な目的が、ローカルな場所の水害防止ではなく、水系全体の改修の完成にあると解釈されている。被害者がいくら特定の場所での水害発生の責任を訴えても、これは瑕疵とまではいえないということになる。あたかも、死亡した患者の家族が治療にあたった医師の瑕疵を裁判に訴えた場合、「この医師は日ごろからすべての患者の治療に全力を尽くしているがゆえに責任は問えない」

との判断が下されたような、かみ合わない論争によるむなしさを被害者に与える。

結局、被害者が勝訴を勝ち取るためには、特定の場所で水害が発生した原因は、その川の水系全体の改修工事の計画や実施経過に管理者の瑕疵があったことによる、と論証しなければならない。水害裁判に詳しい法学者の三好規正《のりまさ》が指摘するように、河川工事の専門家にして観測データや工事経過記録を保持する管理者に対して、素人である被害者がこのような因果関係を立証することは不可能に近い(4)。

この水系全体の改修という問題について理解を深めるため、建設省で法務を担当してきた福井秀夫の見解を紹介したい(6)。彼は、大東水害の最高裁判決を「大東基準」と呼んで引用し、次のような河川改修の合理性に関する原則を説明している。

多くの河川管理者が、膨大な改修必要箇所を前にして、乏しい予算の中で事業を執行するため、費用対効果に照らした優先順位を付けつつ、苦心惨憺して水害に備えている実情や実態も大局的に把握したうえで、そのような制約を前提としつつ、河川管理者にはその枠内での最善を尽くした合理的な整備が求められることを司法（大東水害の最高裁判決のこと：引用者）が言明していると言える。言い換えれば、水系一貫で上下流の整合的、統一的な改修を行うべき河川について、例えば「下流から上流に向けて行う」改修原理に違背して上流区間で突出した整備を行うことなどは、（中略）およそ最高裁は想定していない。

河川改修では下流側から先に進める原則があるので、上流側を先に改修し、上流の洪水流を下流へ誘導して破堤の危険性を高めるような計画は避けなければならない。したがって福井は、「大東基準は、このような標準的な改修原理が計画や事業において実践されないことや、そのために改修の優先順位の歪な入れ替えが発生する事態を予定しておらず、これが水害につながる場合には、むしろ当然に瑕疵を認定することを前提としているものであることに注意が必要である」としている(6)。

この福井の文章は、合理性がない場合には責任が問われるという、管理者への警告を強調する目的で書かれたものである。一方で、水害裁判の場合の管理者と被害者の争点のずれをよく表している。つまり、管理者にとっては、改修工事は合理的に行われているかぎり瑕疵がないことになり、被害者にとっては、特定の場所における瑕疵によって氾濫が起こったということになる。結果的に対立はまったく解消されない。

では、対立を緩和する道はあり得ないのだろうか。たしかに、水害発生の責任はすべて管理者にある、と被害者が主張するのは、大雨が自然の変動によって生じるものである以上、明らかに無理筋である。しかし、管理者の責任が水系全体の整備事業の推進にあるという判例が絶対だとすれば、被害者は裁判で勝訴する可能性はほとんどない。実際、この厳しい現実を見て裁判を回避し、別の対策を模索する努力も行われている(7)。だとしても、いったん水害が起こった場合、管理者と主張の異なる被害者が管理責任を裁判所に提訴するのは、国民の当然の権利である。

だとすれば、河川整備を計画するにあたって、水系全体だけではなく、特定の場所の氾濫をも防ぐ手法をどうしたらいいのか。規模の大きな雨があったら川が氾濫することは防げないという、川の自然性を管理者と利害関係者が共有し、それでも被害を減らすにはどうしたらいいのかをあらかじめ話し合っておけば、対立が緩和される可能性があるのではないだろうか。

河川整備の場合には、問題点の解決に向けて互いに協力し合う関係を求める努力が必要である。この努力は、次節で紹介する「淀川水系流域委員会（以下、淀川委員会）」において、実行され、河川管理者と利害関係者の間での合意形成と協力関係の構築をめざし、徹底した議論が行われたのである。

1・5　淀川水系流域委員会における議論の経過

淀川委員会は、河川整備計画に利害関係者の意見を取り入れるという理想（2・7参照）を受けるかたちで2001年2月に発足した。委員会は慣例に反して事務局を国交省組織ではなく民間に置き、委員公募、委員会公開などを徹底し、流域関係者の多様な意見が反映できるよう、画期的な運営が行われた。図1・1に、第2回の委員会で承認された委員会の進め方の流れを示す。これには、河川整備計画は十分にコンセンサスを得て決定するべきだとの決意が示されている。また、淀川委員会全体の討議内容と用いられた膨大な資料は、きちんと公開のかたちで残されている(8)。それに基づき以下に簡単に経過を示す。

委員会では、多様な利害・考え方をもっている者同士が現状の課題を検討し、共有できた対応策のみを計画することとした。共有できない対応策はペンディングとして議論を続ける。議論の過程で、対応策が共有化できたら計画に加え、実施した対応策に問題が出れば、それを計画から削除するという「ローリング式の計画手法」という方法が採用された。こうした委員会の検討の結果、生態系保全の環境整備、琵琶湖の水位変動軽減対応、河川レンジャー制度などが実現化された。河川レンジャーとは、住民等と行政が一緒になって、淀川を守り・育てるさまざまな活動を行うものである。

また、いつ、どんな規模の大雨が降るかわからないとの基本的な考え方を共有し、過去の大雨時の雨量データを基に、その1.2倍、1.5倍、2倍など、さまざまな規模の大雨を想定して、どのような対策が可能かについても検討された。先に説明した大東水害裁判では、大雨の規模が大きくなったらそれは自然力による不可抗力だから、瑕疵責任はないとの最高裁の判断が示された。そのため、特定の場所で水害が発生してもやむを得ないという意識が生じやすい。しかし、淀川委員会では、そうではなく、大雨の規模によっては多くの人命が失われるような壊滅的な被害があり得ることを前提に、いかなる規模の大雨に対しても、いのちを守るこ

図1.1 河川整備計画策定の流れ

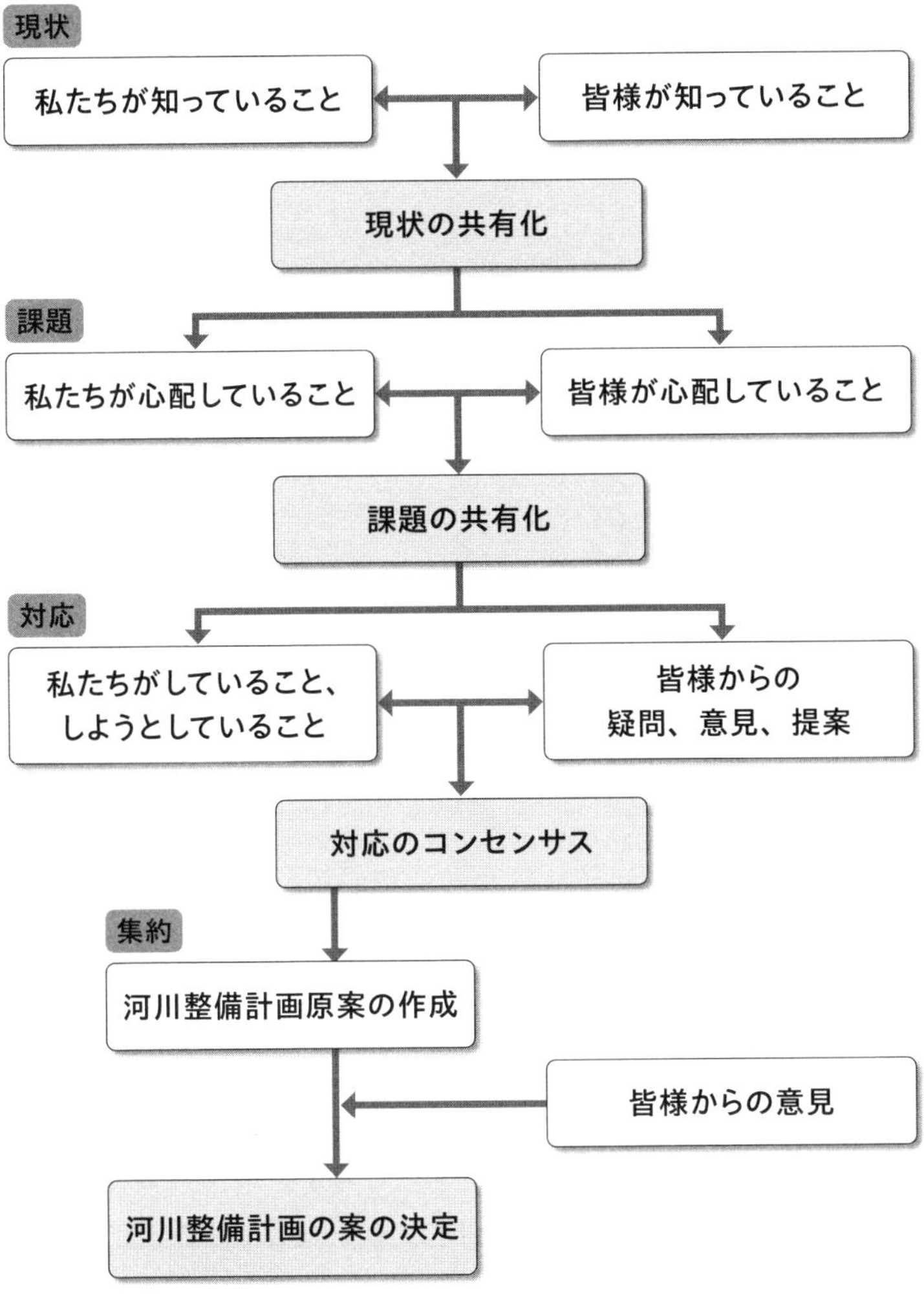

出典：近畿地方整備局（第２回淀川水系流域委員会 平成13年4月12日）
資料１「河川整備計画策定の流れ」文献(9)

とを優先して可能なかぎりの対策を探るという基本方針に基づき、多角的な議論が交わされた。

京都大学で河川工学を学び、建設省で働いてきた宮本博司はこの委員会のキーマンとして活躍した(10)。宮本は、国交省近畿地方整備局(以下、近畿地整)淀川河川事務所長として委員会の立ち上げを担当したが、途中、国交省と近畿地整の考え方にずれが生じてしまい、2005年に本省に異動させられ、河川局防災課長を最後に翌2006年退職した。しかし、宮本と委員会との関係はここで終わりにならず、宮本は一市民として委員会に参加し、委員長も務めた。

委員会における水害対策の議論においては、2006年から1年間、宮本の前に委員長を務めた河川工学者の今本博健の「非定量治水」の考え方がベースとなっている。今本は、計画高水流量や基本高水流量などの基準となる流量(大雨の規模をあらかじめ決めた場合、ダムの貯留効果が発揮されたと仮定して河道を流れる流量を「計画高水流量」、貯留効果がないと仮定して得られる流量を「基本高水流量」という)を定めて河川整備を行う考え方を「定量治水」と呼び、これを実現するには、ダム設置や堤防かさ上げに長い期間が必要になると批判した(11)。一方、「非定量治水」は、川の個性をよく調べて、いつ起こるかわからない大雨に対する危険箇所を急いで補強してゆくもので、国交省の基準となる流量を重視する考え方とは大きく異なっている。たしかに川は自然物だからそれぞれの川に個性があり、それをよくよく調査して対策を立てなければならないのは当然である。実際、河川工学における戦後の発展に強い影響を与えた安藝皎一《あきこういち》は、この川の個性を人相になぞらえて「河相《かそう》」と呼んで重視した(12)。したがって、この非定量治水は、むしろ河川工学の伝統に従うものといえる。

さらに、大雨によって川が堤防を越えて氾濫した越水時における問題、つまり、堤防が壊れず持ちこたえた場合と、決壊によって流れがいっきに周囲になだれ込む場合とで被害が大きく異なる問題にも議論の焦点があてられた。その結果、委員と管理者である近畿地整の間で、堤防の越水対策が必須だとの結論が共有された。

ところで、河川工学者の大熊孝が詳述しているように、越水しても壊れないように堤防を強化する工法については、河川工学者の間で長く議論が交わされてきた(13)。堤防はふつう土でできており、洪水が堤防を越えたら決壊する可能性が非常に高くなる。この時もし決壊しなかったら被害は劇的に小さくなるだろう。したがって、堤防強化による水害被害の軽減に対する重要性は誰もが納得できるものである。そのため、国交省（当時は建設省）も傘下の土木研究所において、1970年以来、大型実験などを行ってその具体的な手法の開発研究を続けてきた(14)。淀川委員会の結論は、国交省におけるこうした長年の研究成果をふまえたものであった。

このように淀川委員会では、管理者と利害関係者双方が納得できる、川をめぐる多様な対策が提案された。その議論に基づき、ダム計画に関しては、「流れを遮断するダムは、環境への影響がはっきりしなくても、元に戻せないような影響があり得る場合には、工事計画を実施しないという『予防原則』にのっとるべきだ」との考え方が大勢を占めた(15)。ダムによる環境への影響のすべてが設置する前にわかっているわけではないが、いったん予想していないことが起こってしまったら、取り返しがつかない。そういう予防原則を前提にするべきだという結論が得られたわけである。

その結果、2003年1月にまとめられた「新たな河川整備をめざして―淀川水系流域委員会提言」は、ダムについて次のように結論づけた(16)。

ダムは、自然環境に及ぼす影響が大きいことなどのため、原則として建設しないものとし、考えうるすべての実行可能な代替案の検討のもとで、ダム以外に実行可能で有効な方法がないということが客観的に認められ、かつ住民団体・地域組織などを含む住民の社会的合意が得られた場合にかぎり建設するものとする。

管理者である近畿地整は、この提言を受けて淀川の河川整備を検討してきた。2004年5月の「淀川水系河川整備計画基礎案」においては、5つのダム計画について調査中とされていた。ところが、委員会でさらに議論が進んでいた2005年7月、近畿地整は突然、「大戸川《だいどがわ》ダム、余野川ダムは当面実施せず、丹生《にう》ダム、川上ダム、天ケ瀬《あまがせ》ダム再開発は計画を修正して実施」という方針を、淀川委員会に諮《はか》ることなく報道発表したのである。これを受け、委員会がただちに抗議するという事態になり、管理者と委員との間でのコンセンサスを得ようとしてきた委員会の議論が困難に陥ってしまった(15)。淀川河川事務所長として委員会の議論を支えてきた宮本博司が国交省に異動させられたのも、この時期であった。

河川管理者の立場で委員会を立ち上げた宮本は、川の整備のあり方全般を流域関係者で議論を交わすことに基づいて決めるべきだと考えていた。しかし、いざ淀川水系流域委員会がその方向で進んでゆくのを見て、国交省は、淀川委員会の議論の結果には従わず、河川整備を河川管理者みずからの方針で決める元のかたちに逆戻りさせようとした。この背景には、近藤徹や青山俊樹などの河川局長経験者の意向があって、近畿地整がそれを受けて方針を変更したのだ、と推測されている(17)。結果的に、2007年8月に近畿地整が公表した「淀川水系河川整備計画原案」においては、これまで委員会で議論されてきた、いかなる規模の大雨に対しても可能なかぎりの対策を探るとの方針ではなく、戦後最大規模の流量を氾濫させずに流すために、大雨時に計画高水流量を超過しないようにダムを設置する、という河川整備方針が示された(18)。なお、計画高水流量などの規準となる流量はきわめて重要なキーワードなので、第2章と第3章で詳しく説明する。

その後、環境社会学や住民参加の専門家として、発足以来、淀川委員会の委員を務めた嘉田由紀子が、ダム推進派の現職を破り、2006年に滋賀県知事に当選した。嘉田は、「ダムだけに頼らない流域型治水政策」を掲げ、日ごろから川と接することで大雨時にいのちを守れるような地域づくりをめざした(19)。その結果、大戸川ダムをめぐっては、できるだけダムなしで水害を防ぐことを考える滋賀県知事の嘉田と、設置を進めたい国交省との間の対立が続いた。しかし、滋賀県知事が2014年に嘉田も応援した三日月大造《みかづきたいぞう》に交代した後、ダム凍結が解除され、2019年には治水専用の穴あきダムとして設置することが決まってしまった(20)。

たしかに、ダムは貯水池によってピーク流量(雨によって増加した流量の最大値のこと)を低くする効果がある。それゆえ、温暖化によって降雨規模が大きくなってきたのだから、それをふまえると、効果の大小にかかわらず、減災にとってはダムがあった方がいいのは当然だ、という発想はおそらく常識的なもので、選挙公約としてもスムーズに有権者に訴えられるだろう。これに対して、水害を完全にはなくせないのだから、いのちを守るための川づくりはどうすべきかという発想は、人々にはなかなか受け入れられにくい。そうした中で、淀川委員会はその発想に基づき、広い視野からの多角的な検討(以下、多角的な検討)を行ってきたのである。それゆえ、琵琶湖と淀川に関してよほどの見識と覚悟がある知事でないかぎり、とうてい常識には太刀打ちできない。実際、その後の経過は、このむずかしさを明瞭に示したものとなってゆく。

1・6 堤防強化とダム整備事業計画との相容れなさ

淀川委員会では、管理者である近畿地整と住民・学者を含む利害関係者との間で、「淀川をどうしたらいいのか」に関して、コンセンサスが得られる方向に議論が進んだとみて間違いがない。委員会では、大雨の規模によっては多くの人命が失われるような壊滅的な被害があり得ることを前提にし、妥当な対策を探るための多角的な議論が交わされた。にもかかわらず、その後の河川整備計画は、淀川もその他の川の場合も、その成果を反映したかたちでは進まなかった。特に、ダムよりも堤防強化を優先するという委員会の結論について、国交省の反発は大きかった。この結論は、絶対に譲れない国交省の防衛ラインを越えたのではないか、と私は推測する。

堤防強化の工法に関しては、すでに述べたように、国交省の研究機関で開発研究が積み重ねられ、その成果として2000年に「河川堤防設計指針（第3稿）」の中で工法がマニュアル化された(21)。だが、2年後にはこの指針は廃止される(14)。この削除については、熊本県八代《やつしろ》市の球磨川《くまがわ》河口近くにある萩原堤《はぎわらづつみ》の強化と上流の川辺川ダム建設との関係が背景にあったようなので、以下に経過を記す。

土木研究所で堤防強化工法の開発に尽力した石崎勝義によれば、その工法は98年頃よりフロンティア堤防事業と名づけられ、各河川現場への適用が試みられた。実際、全国9河川に展開されようとしていた(14)。建設省八代工事事務所の事業概要パンフレットにも、「大洪水による越水や浸透に対する耐久性を高め、地域に開かれた利用空間を提供します。八代市の水害防御の要『萩原堤』をフロンティア堤防として整備し、冠水被害軽減対策を行う必要があります」と記されていた(22)。また、後に開示された同事務所の書類には、2001－2005年度の計画にフロンティア堤防工事の実施が明記されていた(23)。しかし、2002年にはこの工事が中止になり、先述のとおり、本省の「河川堤防設計指針」からも堤防強化の記述が削除された。こうした突然の国交省の方針転換には、萩原堤を強化すればダムが不要だという川辺川ダム反対派の主張に対する危機感があったのではないか、と推測される。

それにしても、国交省がダムを堤防強化に優先するのはなぜなのだろうか。ひとつは、巨大な公共事業であるダム建設は経済活性化効果が大きいため、国の経済政策に沿いやすいという理由が考えられる。もうひとつは、国交省の河川整備事業の基本的な技術方針が、ダムが前提となっていることによる。これについては、第3章で詳しく考察する。

一方、国民は水害を防ぐダムの効果を認めつつも、さまざまな利権がかかわっているのではないかとの疑いも感じており、ダムに対する厳しい世論が形成されてきた。国交省の技術官僚にとっても、こうした国民世論は気になるところであった。その例として、建設省河川局長や土木学会会長を歴任し、長く河川整備事業に大きな影響力を与えてきた近藤徹の発言を引いておこう。彼は、「コンクリートから人へ」を掲げた民主党政権が２００９年に多くのダム建設の中止を決断したことを批判して、次のように述べている(24)。

今まで、公共投資というのは、世のため、人のために行われてきた。私もそう思っておりましたが、経済学者なり財務省なり国会の先生方は全くそう思っていない。ある意味では、利権の巣窟ぐらいにしか思っていない。本当は社会資本整備というのは、未来への投資なのです。子孫の代にまで役に立つものをつくっている。そこが抜けちゃって、どこかの政治資金に化けているぐらいにしか思っていない。

この近藤の発言は、ダム建設を含む公共事業経費が不当な目的に流れているのではないかとの批判を明確に意識したうえで、将来世代の社会にも貢献する、正当な公共投資であるとの信念を語ったものとなっている。

さて、本書の問題意識としては、経費の流れが政治資金に化けてしまうのかどうかという政治的な問題ではなく、近藤が重視している「社会資本整備そのもののあり方」を検討課題としたいと私は考えている。河川官僚が未来への投資と位置づけているにもかかわらず、これを目的とする事業が意図するようにはなってゆかずに、水害裁判における被害者との対立を生む。

あるいは、利害関係者との協調をめざす淀川委員会の議論結果を受け入れないことを通じて、ここでも対立が生じてしまう。こうした不幸な結果がもたらされるのはなぜなのか、これを考えてゆきたい。

この点を検討するには、川で起こる水害や川にまつわる利害対立などの複雑な問題に対して、これまで利害関係者と河川管理者がどのように取り組んできたのか、を知る必要がある。なぜなら、こうした問題への長い経験を通じて、河川整備の手法が編み出されたはずだからである。仮に「利権の巣窟」が事実であったとしても、それは河川整備手法の運営の結果として生じたのであって、利権の巣窟をこしらえるために河川整備手法を編み出したのだと想像するのは、さすがに行き過ぎだろう。したがって、この河川整備手法形成過程の流れを軽んじては、国交省がなぜダムを優先するのかを理解することはできないのである。

では、国交省は、河川整備事業を進めるために、総力を挙げて水害裁判の被害者の訴えを退けなければならないのはなぜなのか。また、淀川委員会が大雨の規模が非常に大きい場合には水害が防げないことを利害関係者と共有して、ダムより堤防強化を優先するべきだとの結論を導いたにもかかわらず、国交省がみずからが開発してきた堤防強化工法をあえてマニュアルから削除してまでも、ダムを優先しなければならなかったのはなぜなのか。私は、それらの理由が「利権の巣窟」を支援するためでもなければ、国交省自身の予算を太らせようとするためだけでもない、と考えている。

そこで以下では、私たちがかかえる川に関するこうした不幸な問題がどのようにして生み出されてきたのか、歴史をさかのぼって調べてゆきたい。そのために、江戸時代のふたつの河川事業を検討する。私たちの先達は、特定の場所の間での利害対立や、規模の大きな雨があるために避けることのできない水害、こうしたむずかしい問題に、いかに立ち向かってきたのか、また、戦後、どのように対応策を作り上げてきたのか。この経過をひもといてゆくことによってはじめて、現在私たちがかかえている水害対策の問題が理解できようになると考えるからである。

1・7　改良を追求する 大和川の付け替え事業

まず、1704年に実施された大和川の付け替え事業を取りあげる。現在、大和川は大阪市の南にある堺市との境界を流れているが、これは人工の河道である。主に民俗学者の宮本常一《つねいち》の記述(25)と国土交通省近畿地方整備局の資料(26)に基づき、付け替え当時の流路を示す図1・2を用いて説明してゆく。

大和川は奈良盆地の水を集め、生駒山地の南端にある亀の瀬と呼ばれる峡谷を通過した後、柏原《かしわら》付近で平野に出る。その後、上町《うえまち》台地の東側を北北西に流れて大坂城の北側で淀川に合流

図1.2 江戸時代初め頃の付け替え前の大和川の流路図

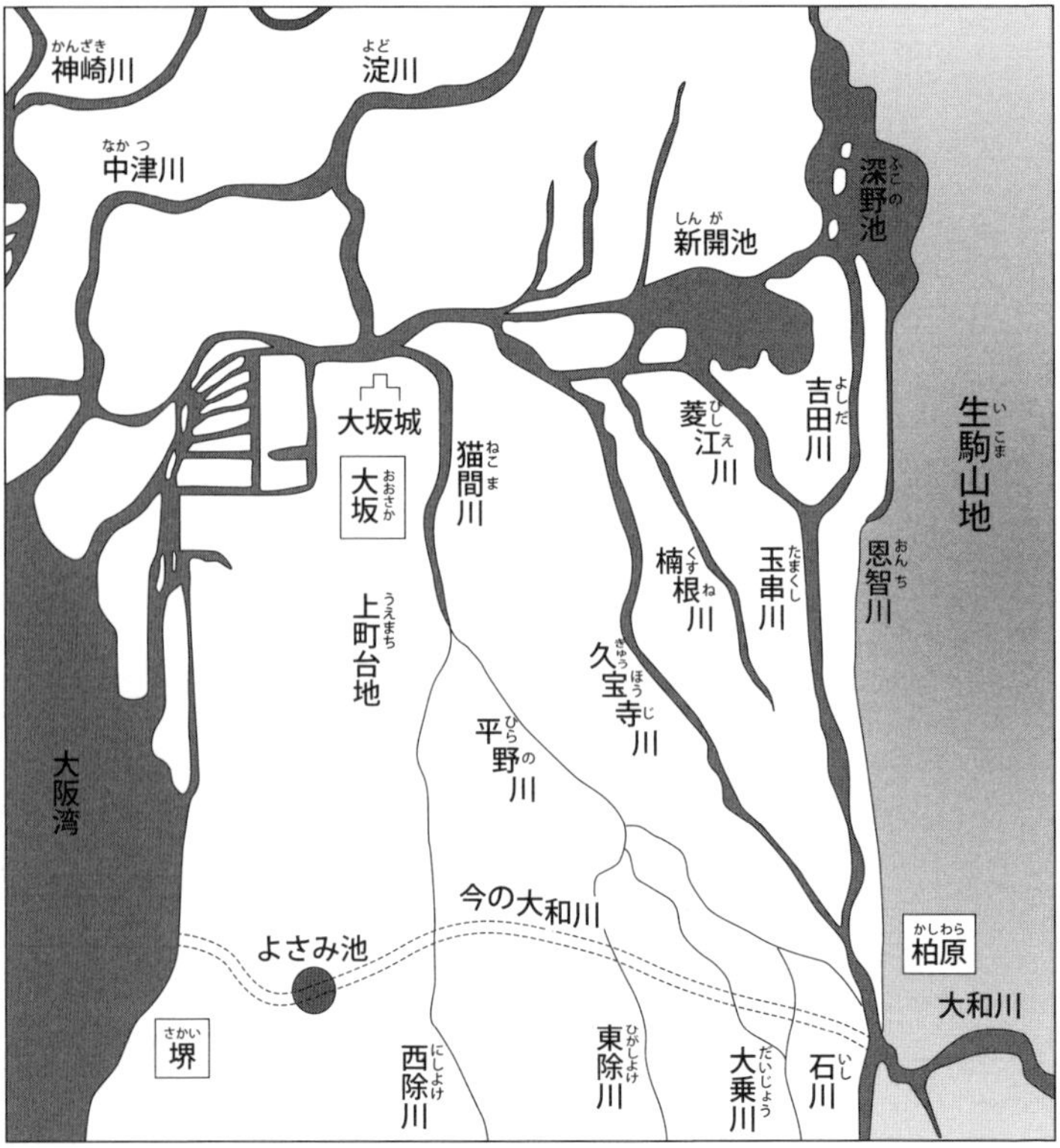

国土交通省近畿地方整備局大和川河川事務所ホームページ「わたしたちの大和川」[文献（26）]の図を一部改変

していた。そのため、この東側の低地は、淀川と大和川の水が集まって湿地が広がっていた。そこで、氾濫被害の低下と新田開発による利益を目的とし、柏原から西へ上町台地南部を横切る新しい河道への付け替え事業が計画された。岩盤の掘削を含むこの難工事は驚くべきことにわずか8カ月で完成した。建築機械が使える現代でも、もっと長くかかるだろう。徳川綱吉が将軍を務め、2年前に赤穂浪士の討ち入りがあったこの時代、高度な技術とともに、労働力を統括できた幕府権力の安定ぶりが推測される。

さて、この事業では、新しい河道を造るだけではなく、これまではその場所を南から北へ流れていた東除川《ひがしよけがわ》や西除川《にしよけがわ》に、大雨時に大和川新流路からの水が逆流しないための工事も実施された。つまり、落堀川《おちぼりがわ》と呼ばれる別流路を新大和川に平行させ、調整を図ったのである。

この大和川付け替えは、人間が水の流れにはたらきかけて、住居や農地を増やしてきた歴史の一事例である。これによって開発された土地は、新しく河道にされた土地よりも広い。また、流域全体での水害が減ったのは間違いなかろう。したがって、画期的な改良を実現した事業であることは確かである。しかし、その実施までには、工事を望む農民がいる一方、土地をつぶされる農民の激しい反対請願が長く続き、幕府が付け替え工事を実行するまでに50年以上を要した。新しい川は、狭山池など多くのため池によって安定した水田農業を営んでいた地域を横断するため、反対運動は当然だったといえる(27)。つまり、工期は短かったが、利害調整には長期を要したのである。

また、その50年余りの間には、1683年に江戸時代屈指の土木家であった河村瑞賢《かわむらずいけん》による調査があった(28)。彼は大和川付け替えが多額の工費を要するとして否定、むしろ、淀川河口の流れをスムーズにすることが治水対策として効果があると主張し、安治川《あじがわ》が新たに掘削された。当時は新淀川という放水路がなかったため、淀川と大和川の流れは大坂の街（現在の大阪市）に集中していた。だから、淀川河口の疎通を良くすることは、上町台地東側の水害と関係が深かったわけである。しかし、瑞賢の本当のねらいは、大坂の街中の水運航路の整備による経済効果増強にあったようである。つまり、必ずしも東側低地の農民の希望に沿うものではなかったのである(29)。

こうした瑞賢の判断は、鉄道や自動車がなく、舟運が川の利用目的としてきわめて重要であったこの時代、合理的な判断ではあっただろう。とはいえ、川の改良を追求する事業では、上流と下流の住民の水害に対する利害対立ばかりではなく、質の異なる利害が絡み合う。公共事業はたしかに未来への投資には違いないが、同時に「利権の巣窟」が疑われる点、これは昔も今も変わらない。

地域ごとに利害の異なる農民、新田開発や舟運によって利益を得る商人、年貢を増やすとともに権力基盤を安定させたい幕府や領主層と、立場によって利害は当然異なる。大和川付け替えの決定権は支配者である幕府に属するとしても、人々の間の利害調整は不可欠である。加えて、新しい川筋となる土地に住む農民の反対を押し切らなければ、最終的に付け替え事業は実施できない。改良追求事業においては、関係者すべての利害をまんべんなく調整することは非常に困難である。だから、支配権力によって反対運動を抑えつける強権が発動されたのはやむを得ないところだったであろう。

さて、大和川付け替え後の経過をみると、新河道周辺において農民は、つぶされたため池に代わる水田用水の供給を大和川から受けておらず、紛争が続いた。また、流れ込む土砂で堺の港が埋まるようになった。その結果、瀬戸内海を往来する大きな船の停泊ができなくなって、堺から大坂へ町の繁栄が移ってゆくという経済問題をもたらした。こうした大規模な河川事業は、後々までさまざまな社会問題を引き起こし続けたのである。

大和川の付け替え事業について、土地を奪われる人が生じるがゆえに間違っていたとか、実施すべきでなかったとか、そういう主張をしているわけではない。ここでこの大和川付け替え事業を紹介したのは、川の改良追求事業には、利害調整にかかわるきわめてむずかしい問題がともなうこと、そのマイナスの影響は事業以前に考えられていた以上に波及してゆくことを確認するためである。専制国家なら別かもしれないが、封建制の江戸時代であっても、支配者の利益のために強引に庶民を抑えつけることは、容易ではなかった。川にかかわる事業での利害調整のむずかしさは、政治体制の違いを超えて今も昔も本質的に同じである。

本章の冒頭に引用した古島敏雄のことばからわかるように、時代時代の暮らしは、改良追求事業によって造られたインフラの蓄積を前提にして成り立っている。ため池でも堤防でも、改良追求事業によってできあがり、維持回復事業を繰り返すことで徐々に風土となってゆく。だが、現在起こる災害を減らそうとして、さらに改良追求事業を行う場合、かつての事業と同じように、土地を奪われるなどの不利益が新たに加わる。期待した効果が得られないとか、予期しなかった被害が波及してくる可能性、これも過去の例と同じように存在する。これを意識したうえで、災害対策をどのように進めてゆくべきか。大和川付け替え事業は大きな教訓を今に与えている。

1・8 江戸時代の淀川流域の複雑な利害関係

洪水で切れた堤防の復旧のような維持回復事業を超えて、利益を期待して行われた改良追求事業の例として、大和川の付け替え事業を紹介した。最大の不利益は、新たに川筋となって土地を奪われる農民であるから、主な利害対立は、異なる地域で農業をなりわいとする人々の間で生じた。しかし先にも述べたように、江戸時代には、川をめぐる問題において、当時の最も効率的な輸送手段であった舟運の利害のウェイトがきわめて大きかった。そのため、舟運の発展によって受ける利益と水害を減らせる利益のように、川の改良事業による利益が質的に異なる事例が頻繁に発生した。

そこで、舟運が利害調整のうえで重要であった淀川での土砂ざらえ事業について紹介する。この事業は、大和川が淀川水系から切り離された約120年後の幕末に行われた。図1・3に淀川流域図を示す。

琵琶湖には100を超える多くの河川が流れ込むが、出口は南端の瀬田川である。この川は、醍醐山地を鹿跳《ししとび》渓谷で横切り、宇治川と名を変えて京都盆地に出る。その後、木津川、桂川と合流して淀川となり、大阪平野へ流れてゆく。新淀川が完成したのは1910年なので、江戸時代には、神崎川と中津川を分流するとはいえ、淀川本流は大坂の街を横切っていた。

その大阪平野には多数の農村があって、淀川から水田用水が引かれていた。当時は都市住民の排せつ物は農民によってくみ取られ、水路のネットワークを使って舟で運ばれ、下肥《しもごえ》として農地に還元されていた(30)。上方落語の「貧乏花見」では、長屋の共同便所が家主の収入源となった往時の下町のようすが語られている(31)。つまり、下肥は決して安価ではなく、くみ取りの対価として受け取る野菜などは家主の収入となっていたため、水路を利用した物質循環(窒素などの養分が繰り返し生物によって利用されること)システムは、借家人への家賃取り立ての緩和につながっていた。このように、舟運は、平野にあって里山をもたない近郊の農業を支えるとともに、都市の衛生維持と貧困者の福祉にも貢献していたのである。

他方、そのはるか上流、瀬田川の峡谷に流入する大戸川などの支流の源流にある田上山《たなかみやま》と呼ばれる花崗岩山地には、当時、森林も土壌もないはげ山が広がっていた。そのため、毎年土砂

図1.3 江戸時代後期の淀川の流路図

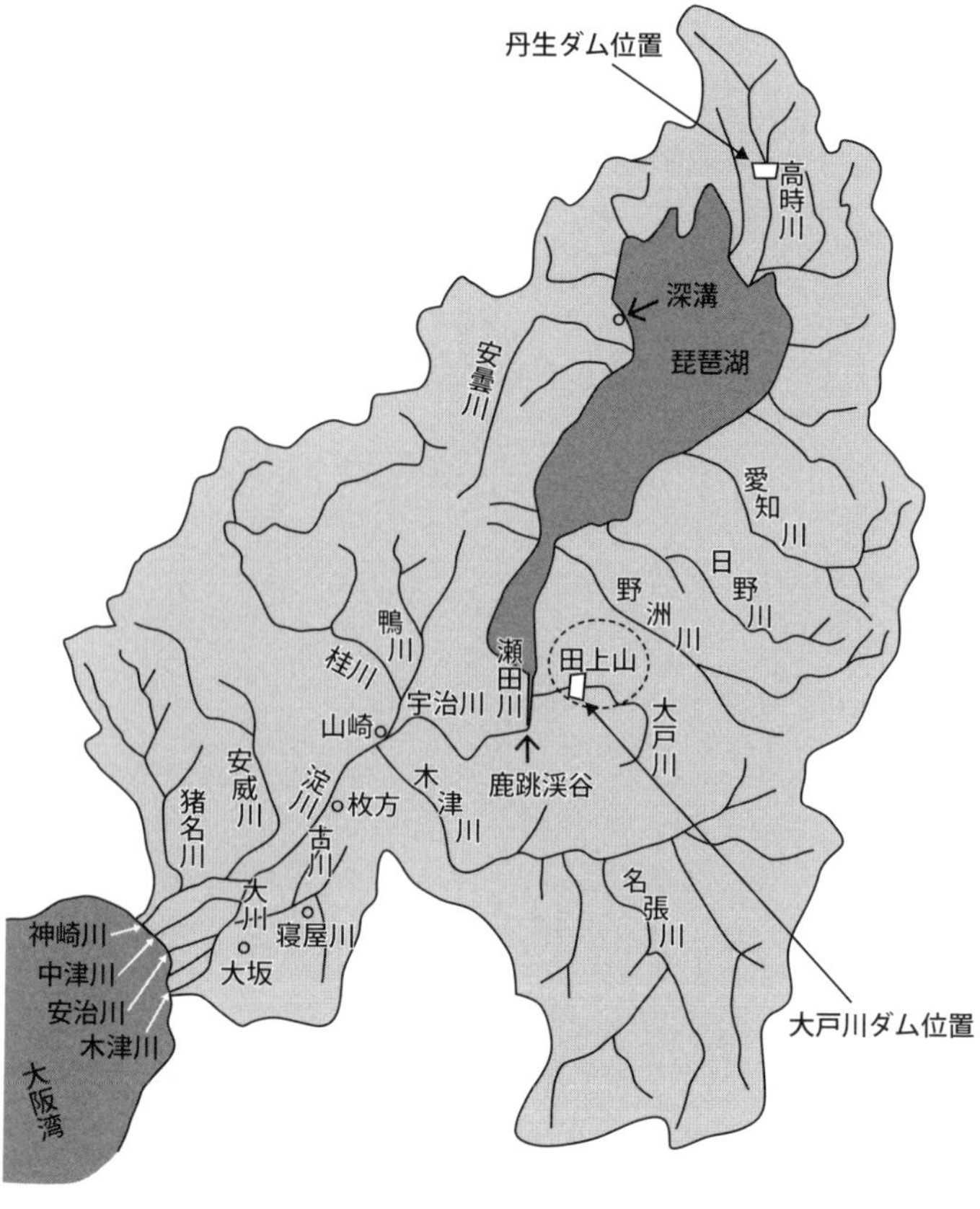

文献（29）の図を基に著者作成
（注）近年計画された丹生ダム、大戸川ダムの位置も記入している

が大量に瀬田川に流れ込んで堆積し、大雨時に琵琶湖の水位を上げ、周辺の農地に浸水被害をもたらしていた。堆積土砂を放置しておけばますます琵琶湖からの排水が妨げられ、被害が拡大する。だから、琵琶湖周辺の農民は瀬田川の浚渫《しゅんせつ》（川床にたまっている土砂を取り除くこと）を強く要望していた。

なお、森林でおおわれた普通の山では、一カ所の斜面上の土壌がくずれるのは数百年に１回程度である。上流に斜面がいくつもある沢の場合は、どこかひとつの斜面がくずれると土石流を発生させて沢の出口に土砂害をもたらす。それでも、その土砂の流出は１００年に１回程度である。これに対して、はげ山の場合は、毎年土砂が流出する。広大なはげ山をかかえた瀬田川への土砂流入量がいかに大きかったか、すでにはげ山がほぼ緑化されている現在では想像しがたい。

現在はみられないはげ山と下肥の農業利用とは、互いに無関係に思われるかもしれないが、いずれも、江戸時代の人間社会が生物活動に頼るところが大きいことを示すものである。すなわち、鎖国していたこの時代、生活と農業に必要な資源は主に森林から運び出されていたために、里山の植生はかなり荒廃しており、何とか農村の暮らしを持ちこたえるという状態であった。一方、里山をもたない都市近郊の農村では、下肥によって資源を無駄なく利用して農業を維持していた。いずれも生物のはたらきを最大限活用していたのだが、物質循環の観点からはぎりぎりの限界状態であったといえる。この点は、第３部で詳しく検討を加える。

1・9　瀬田川浚渫に対する下流の猛反対

琵琶湖周辺の農民の瀬田川浚渫への強い要望に対して、下流の大阪平野の農村や大坂の街の人々は反対を唱えた。川床にたまっていた土砂がなくなると水の疎通が良くなり、琵琶湖周辺に氾濫していた大量の水が下流に流れて水害を大きくする。また、流量増加によって運ばれる土砂も多くなり、大坂の街の中の水路にたまって舟運の妨げになる。こうした理由によって、浚渫絶対反対を主張したのである。

しかし、私は、瀬田川浚渫が下流の水害や舟運にとって本当にマイナスであるかどうか、その因果関係は反対者にとって必ずしも重要でなかったのではないか、と推測する。浚渫は瀬田川の疎通を良くして琵琶湖周辺の水害を確実に軽減するであろう。しかし、この上流側の変化が下流にどのような変化を及ぼすのか、とうてい予想できない。現在でも、瀬田川に流れ込む大戸川のダム計画や瀬田川洗堰《あらいぜき》の調節方法は、滋賀県と下流の京都府・大阪府とで利害が相反する難問であり、上流と下流の対立は自然科学の理論だけで説明できるような問題ではない。この川にまつわる上下対立という社会問題についてもう少し考えてみよう。

大雨などの気象条件は毎年変化する。仮に、瀬田川で浚渫工事をした後、大雨があって、大坂の川や堀に土砂がたまって舟運に支障が生じたとしよう。その原因について、淀川下流の人々は、浚渫の前と後とでは降雨条件が異なるから、水害や舟運支障の原因が瀬田川浚渫にあるのか気象条件にあるのか、どちらか不明であると思うだろうか。間違いなくそうは思わないだろう。数年前に行われた浚渫が被害の原因であると、声を大にして文句を言うと思われる。実際には、琵琶湖や瀬田川ではなく、支川の木津川の流域に降った大雨によって被害が生じたのかもしれない。なぜなら、木津川の水源にもはげ山があって、下流へ大量の土砂を供給していたからである。つまり、瀬田川浚渫が下流の被害を大きくした可能性もあるだろうが、断定することはむずかしいのである。

　浚渫によって大雨時の琵琶湖の水位は低下し、琵琶湖周辺の人々は水害軽減の利益を得るであろう。一方、淀川下流に対して浚渫は、はっきりとした利益をもたらすものではない。加えて、農村地帯から大坂にかけては複雑な利害関係が存在しており、微妙な地域間のバランスを保っていて、非常にデリケートな地域関係が存在していた。そこへ上流で大きな事業が実行され、その後に水害に限らず、何か迷惑をこうむるような出来事が起こったら、その原因をその事業に求めるのは当然の心理である。因果関係を断定することは、科学の発展した現代ですら容易ではない。利益が確実である人々と利害がはっきりしない人々との間に対立が生じる、このこと自体が川に関する利害調整をむずかしくする。琵琶湖周辺の農民の被害に比べれば、下流の人々の欲求は漠然とした主張にみえるかもしれない。だが、こうした主張は、現在でも無視できないどころか、十分に配慮すべきである。淀川の事例は、河川整備事業がたいへんむずかしい社会問題であることをよく示している。

次に淀川のかかえる地域の問題について、左岸側の枚方や守口のある河内の国での具体的状況をやや詳しく述べてみたい。なお、下流に向かって左側を左岸と呼ぶ。右岸側は高槻や茨木を含む摂津の国である。左岸の平野に広がっていた水田のかんがい用水は、淀川堤防に設けられた樋管《ひかん》を取入口とする用水路によって引かれていた。また低平地であるため排水（当時、悪水《あくすい》と呼ばれた）をとどこおらせないことは、暮らしと農業にとって決定的に重要であった。その排水路は寝屋川や古川などを経て再び大坂城北側地点で淀川に合流していた。

これらの用排水路は微妙な高低差を利用して造られており、伏越《ふせこし》と呼ばれるサイホンによって別の水路の下を通過させるような、複雑なネットワーク構造があちらこちらに造られていた。それゆえ、大雨後には水路の土砂ざらえや壊れた伏越の修繕などを行わなければならない。その修繕の費用負担は受ける利益に見合うものかどうかといった紛争激化につながる地域間の緊張をかかえながら、かろうじてこの地域の川と水路が維持されていたのである(32)。

こうした複雑な利害錯綜が下流地域社会の現実であった。だから、上流で行う大規模な瀬田川の浚渫が用排水における微妙なバランスを壊しかねないという心配はあっても、何らかの利益をもたらす可能性は想定しにくい。小さい流路の上流下流など、ローカルな対立を棚に上げてでも、瀬田川浚渫には一致して反対しなければならなかったのである。

先に述べた淀川委員会での議論に戻ってみると、そこでは、流れを遮断するダムは、環境への影響がはっきりしなくても、元に戻せないような影響があり得る場合には、工事計画を実施しないという『予防原則』にのっとるべきだとの結論が導き出されている。これは、新しい改良事業が実施された場合、もしかすると不利益が生じるかもしれないと予想されたら、それは、利害調整において十分配慮して議論しなければならない、という基本的立場を明確にしたものである。したがって、瀬田川浚渫が行われたら、琵琶湖の水がいっきに下流に押し出されてくるというような、一見非科学的な反対理由であろうと、無視してよいということにはならない。利害調整には、いつの時代であろうとも、そうした慎重さが求められるのである。

1・10　利害調整の結果としての天保のお救い大ざらえ

さて、琵琶湖周辺では、湖西の深溝村（図1・3に示す）に住む藤本太郎兵衛を名乗る三代の庄屋が湖東湖西の177カ村の取りまとめに尽力し、1780年頃より瀬田川浚渫の請願運動が大いに盛り上がった。しかし幕府は、説明したような下流の複雑な利害関係に基づく反対が強かったことのほか、京都で起こり得る反乱を鎮圧する軍勢が川を徒歩で渡る軍事目的もあって、うかつに浚渫を許可するわけにはゆかなかったのである。しかし、天保年間の1831

年になって、ついに琵琶湖周辺農民の経費負担による瀬田川浚渫を決断した。その大規模な事業の概要を、商業史を専門とする池田治司《はるじ》の論文に基づいて紹介したい(33)。

幕府は、瀬田川浚渫を淀川下流側に納得させるため、河口を含む淀川の流れをスムーズにする大規模な浚渫を同時に行うこととした。というのは、当時、淀川末端の安治川などでは土砂が堆積し、瀬戸内海を通って物資を輸送する廻船の停泊が困難になっており、商人たちが危機感を募らせていたからである。大和川付け替えで堺の港が土砂堆積の被害を受けていたことはすでに述べたが、その後120年を経て大坂の港も土砂堆積の悪影響を受けていた。

そこで、瀬田川と下流を同時に浚渫することは、大坂の商人を説得するための根拠となった。さらに、枚方から下流側の堤防の補強も実施することで、摂津河内の農民の納得も取りつけた。こうした経過の末に行われた事業が「お救い大ざらえ」である。大坂ではお祭り騒ぎがあったと伝えられており、浚渫土砂によって今も河口に残る天保山が造られた。

この淀川の事例から、上流から下流をつなぐ大きな川の利害対立の根深さと複雑さの一端がわかるであろう。また、直接的な利益が確実に得られる地域を除いて、利害が明確でない地域からの合意を得ることは、幕府にとっても非常にむずかしいことであったと想像できる。そこで、この大規模な土砂浚渫事業では、相対立する利害関係者の双方に対して利益があるような調整が行われた。土砂によって悪化しつつある川の現状を、今よりもましな状態に回復させること、上流下流の両方にこの利益をもたらすことで、かろうじて事業が可能になったのである。

もちろん、このお救い大ざらえにおける利害調整がすべてうまく収まったとは考えられない。特に、ローカルな地域紛争をかかえていた河内の農民は、堤防補強によって満足できたわけではないとみるべきだろう。しかし、大和川付け替えが、反対を押し切って行われた「改良追求事業」であったのに比べて、この大ざらえは、悪化しつつあった状況を以前の状況に戻すという意味が強い「維持回復事業」に属する、と私は考えている。琵琶湖周辺の氾濫激化を瀬田川ざらえで抑制し、淀川河口の土砂堆積による舟運の支障を取り除くという意味で、新たな改良をもたらすというよりは、本来あるべき状況を維持する性格が強いからである。

改良追求と維持回復を明確に仕分けすることはむずかしいかもしれない。だが、不利益を受ける立場を抑えつける強権の発動がつきものの前者に比べて、大ざらえ事業は後者に位置づけられ、地域間の調整を何とかうまく治めた、と評価できるだろう。

1・11 河川事業がかかえる利害調整のむずかしさ

大雨時には大量の水が流れ、山地から土砂が流れ込む。日照りがあると流量が激減する。また、川の流域は、水の流れによって場所と場所とがつながり、人間社会において複雑な利害関係が作り出される。その結果、水害・土砂害、渇水害、舟運などを原因として、上流と下流、左岸と右岸など、場所と場所の間にさまざまな争いごとが起こってしまう。川には利害調整という社会的課題が必然的にともなうのである。

加えて、新たに大きな利益が期待できる場合には、大和川の例のように川の付け替えなども断行された。こうした「改良追求事業」においては、発生した問題を元の状態に戻すような「維持回復事業」に比べて、利害調整はよりむずかしくなる。自然には複雑な因果関係があるため、ひとつの場所に起こった変化が別の場所で予期せざる変化を引き起こすからである。

江戸時代の河川事業を回顧したことで得られる知見で特に重要なポイントは、川にまつわる自然科学的・社会科学的問題は、科学の発展によっても政治体制の変化によっても解消することはない、ということである。だが、そこに現れてくる人間間の対立は何とか緩和することが可能であると、肯定的・楽観的に考えたい。容易ではないが、淀川委員会の議論はその解決方向を暗示しているからである。続く第2章においては、戦後から現在に至る河川整備事業に話題を戻し、事業官庁の方針を詳しく解説したうえで、利害関係者との合意形成が行きづまり、対立が固定化されてしまった経過について述べてゆきたい。

第2章
河川整備事業における苦悩の戦後史

2・1　戦後の河川整備事業の出発点

戦後の河川整備事業は、戦争で痛めつけられた国土の復興とともに始まった。まず優先されたのは、焼け跡となった街で雨にぬれず空腹を満たすことであった。だが、1945年9月には西日本を枕崎台風が襲い、1947年9月にはカスリーン台風が利根川を氾濫させるなど、大規模な水害が発生した。その後も水害が続き、戦後復興の基盤として治水対策が求められた。国は自転車操業で被災地復旧をせざるを得なかったわけで、これは、戦争で失われた川の安全性を取り戻す「維持回復事業」に位置づけられるだろう。

必死で食べ物を求める「焼け跡闇市の時代」は、1950年に起こった朝鮮戦争による好景気によってほぼ終わる。1956年頃からは「もはや戦後ではない」と言われるようになり、窮乏の生活から電化製品が使われる便利な生活へと変化していった。都会での道路渋滞や通勤電車の混雑もひどくなったが、東京と大阪を結ぶ鉄道や道路などの長距離輸送でも同様の問題が生じた。この事態の改善策として、1964年に東海道新幹線、65年に名神高速道路、69年に東名高速道路が建設され、戦争で傷んだ既往のインフラを修復する時代から、経済発展を支える新たなインフラを新設してゆく時代に変わっていった。これにともない、河川に関する公共事業も戦後直後の維持回復事業から改良追求事業へと移行していった。

具体的には、経済の急成長によって電力や水資源の需要が増加し、川を流れる水を利用するためにダム建設が進められるようになった。例えば、1959年には利根川上流に藤原ダム、1964年には淀川水系の宇治川に天ケ瀬ダムが完成した。このような改良追求事業の時代を迎え、建設省は1958年に河川砂防技術基準（案）（以下、技術基準）を作成した。ここでの重要なポイントは、これまでは過去の最大流量を参考にして堤防やダムを整備してきたのであるが、それを改めたことである。

川ごとに整備基準がバラバラでは公正さは保たれない。また、最大流量を追いかけてゆけば限られた予算の制約と衝突する。現状をより良くする改良事業であるとはいえ、客観的に妥当な基準とそれを基にした制約を設けておくことが必要となったのである。そこで、降雨の規模がめったに起こらないものほど大きくなるという自然性を基に河川整備計画を立てることとした。この経緯については河川工学者の中村晋一郎の論文に詳しいが(1)、京都大学工学部の石原藤次郎や岩井重久の降雨の発生確率に関する研究の成果が大きな役割を果たしたようである。こうして現在に続く河川整備計画の基本が定められた。それは、基本高水流量《きほんたかみずりゅうりょう》や計画高《けいかくたか》水流量《みずりゅうりょう》という、基準となる流量（本書では「しきい流量」と呼ぶ）を、中村の言う「確率主義」によって決める手法である。1964年、この技術基準の手法をベースに1896年公布の旧河川法が廃止され、新河川法が制定された。

2・2 改良追求事業の基準を決める水文設計

河川整備事業が客観的に公正を保つことを目的として制定された確率主義に基づく河川砂防技術基準と新河川法の手法について説明しよう。

世の中には、利権をつなぐのが仕事だと公言して恥じない「御用聞き政治家」も多いので(2)、近藤徹の言う「利権の巣窟」にならないよう(3)、あらかじめ公正さを保つ基準を決めておかなければならない。そのために重視されたのは、降雨の年超過確率に基づく取り扱いである。例えば、100年間の雨量データがあった時、総雨量が150㎜を越える値となる事例が5回あったとすると、平均して20年に1回起こったことになる。この場合、20年確率雨量が150㎜であると呼ぶ。50年確率雨量は当然150㎜より大きくなるから、確率年の値が大きいほど工事の規模が大きくなり、予算が多く必要になる。それゆえ、A川とB川も、同じ確率年の雨量を基にして流れる流量が氾濫しないように整備工事をすれば、管理者は、公正に事業を行ったと主張できる。

この確率年の値は、ふつう、川の重要性によって決められる。例えば、人口の少ない地域を流れる川は50年確率雨量、流域に大都市をかかえる川は200年確率雨量とする。予算にかぎりがある以上、被害を受ける人口が圧倒的に大きい川の工事規模を大きくすることはやむを得ない。とはいえ、この確率年は両地域で同じでないといけないのではないか、という疑問も生じる。なかなかむずかしい問題であるわけだが、ここでは、河川砂防技術基準が生み出されたその背景に、確率年に基づく公正さを重んじる確率主義があることを確認しておきたい(1)。

さて、確率年を定めて行う河川整備事業は具体的には次のような手順で進められる(4)。

① 川における計画基準点をまず決め、その上流流域に降る大雨の規模、すなわち「設計降雨」を、その川の重要性を考えた確率年（例えば100年確率）に基づいて決定する。

② 続いて、この設計降雨から流量を計算できる「流出モデル」を使って、基準点を流れる流量を計算する。次に、この設計降雨に基づいて得られた基準点の流量と過去に氾濫した時の流量を基に検討を加えることによって、基本高水流量を決定する。なお、この値は、上

流にすでに建設されたダムや遊水地があったとしても、その貯留効果がないものと仮定した場合の流量（ダム戻し流量という）とする。こうして決められた基本高水流量は、河川整備計画が最終的に達成する目標として重要な基準となる。

③次に、決められた基本高水流量を、ダムなどの貯留効果によって低下できる流量と河道を流れる流量（「計画高水流量」と呼ぶ）とに配分する。これにより、計画高水流量が氾濫しないように、河道において堤防をかさ上げする、川幅を広くする、浚渫するなどの工事を行い、同時に必要なダムを建設する。

以上のような川の設計計画によれば、大雨によって河道を流れる流量を氾濫させないためには、ダムの建設と堤防かさ上げなどの河道改修工事はセットで行う必要があり、切り離すことはできない。それゆえ、河道を氾濫なく流せる流量を少なくするため、ダムはどうしても必要なパーツという位置づけになる。結局、川の水系全体を、ダム効果を前提として設計するという改良追求事業が計画できるわけである。

ところで、「設計降雨」をある確率年の総雨量としたとしても、雨の降り方によって基準点の流量は異なる、という大きな問題が残る。だらだらと降る雨も短時間に集中する雨もある。本川に多く降ったり、支川に多く降ったりという、空間的なバラツキもある。流量はひとつの値に決まらないのである。この点については第3章で検討を加える。

以上の整理を基に、降雨条件を発生確率で決定し、流出モデルによって流量を計算して河川整備計画の基準を決定する手法を、本書では「水文学的設計手法（以下、水文設計）」と呼ぶことにする。水文学になじみのうすい読者も多いと思われるが、とりあえず、「流域において流量がどのように決まるか」を明らかにする学問分野だと理解していただきたい。したがって、河川砂防技術基準の工事実施基本計画は、基本高水流量、ダムによる貯留効果、計画高水流量の三者から成る水文設計だということになる。そして、川の水系全体で氾濫させずに流せる流量を現在よりどのくらい増やせるか、それが改良追求事業としての河川整備事業の達成目標となる。この水文設計を具体的な工事計画とは独立して、はじめに決めておかねばならないというのが、技術基準の基本的な考え方なのである。

水文設計の次に行われるべき事業計画は、大雨時に流れが堤防からあふれたり、堤防を決壊させたりしないようにする、具体的な工事方法の決定である。本書では、このような具体的な工事計画手法を「河川工学的設計手法（以下、工学設計）」と呼びたい。その工学設計は、次のように、ふたつの部分に分かれる。

水文設計によって決められた流量を氾濫させずに流すためには、水系全体で合理的な計画を立てなければならない。まさに福井秀夫が言うように(5)、上流と下流の工事が合理的な順序で進められなかったら、たとえ大東基準が認められても、裁判で管理の瑕疵責任が問われるからである。また、川には、両側に山が迫っている狭窄部《きょうさくぶ》、勾配が緩やかで蛇行している部分など、さまざまな性質をもつ場所があるから、工事の設計にはローカルな「河相」を慎重に把握しなければならない。よって、水系全体の合理的な工事計画が前提となって、上流から下流まで河道の場所ごとに堤防のかさ上げや強化、あるいは浚渫など、どのような工事を行うべきか、詳細な工事計画が決定される。したがって、管理者が行う河川整備計画においては、水文設計、水系全体の工学設計、特定場所の工学設計がうまく組み合わされてゆかなければならないことになる。

一方、住民など利害関係者は、みずからがかかわりをもつ特定の場所で水害が起こらないことに関心がある。そのため、基本的に立場の異なる河川管理者と利害関係者の間で、時間をかけて議論して最終的な対策を求めるのが理想である。だが、河川管理者の方針は、こうした多様な対策を比較検討する議論とはかみ合いにくい。なぜなら、水文設計は、ダムの効果を前提として基本高水流量を計画高水流量に低下させることとなっていて、さらにそれが工学設計の前提条件となっているため、河川整備計画は多様な対策を同列に並べて優劣を比較する対象とはならないからである。

例えば、1・6で紹介した球磨川の場合であれば、川辺川ダムの建設は、水文設計に基づいて河道の基本高水流量を計画高水流量に低下させる前提条件と位置づけられる。そのため、萩原堤の堤防強化という工学設計を決めてからダム設置の有無を検討するという逆のベクトルは、否定せざるを得ない。淀川委員会の場合も、堤防強化をダム建設に優先する結論はこの逆ベクトルにつながるため、国交省としては容認できなかったのであろう。

2・3　水害裁判における国の防衛ライン

河川整備計画において、水文設計を工学設計の前提として重視する理由はふたつ挙げられる。ひとつは、すでに述べたように、複数の河川の間で工事規模の公正さを保つ必要があることである。もうひとつは、過去の最大流量から、氾濫しないように計画してゆくことを繰り返すと工事規模がいくらでも拡大してしまうので、これにブレーキをかける必要があるからである。だが、こうした設計にかかわる理由に加えて、水文設計における基本高水流量などのしきい流量は、いつ起こるかもしれない規模の大きな雨によって生じる水害に対して、裁判で被害者から瑕疵責任を問われた場合、非常に重要な役割を果たすことを見逃すことができない。

すでに説明したように、特定の場所で水害が発生したとしても、川の水系全体での整備工事を合理的に進めてゆくことで中途段階での安全性をもたせればよく、あえて瑕疵責任は問えないという「大東基準」の考え方が、水害判決において広く採用されている。とはいえ、非常に規模の大きな雨があれば、河川整備がその目標を達成していた場合であっても氾濫は起こる。そうした場合、被害者は何らかの管理上の問題点を指摘して裁判を起こす可能性があるだろう。そこで河川管理者としては、河道を流れる流量がしきい流量を上回ったならば不可抗力だ、と主張できるような論理をあらかじめ用意しておく必要がある。

こうしたしきい流量によって責任のあるなしを分ける考え方は以前から存在していた。法学者の三好規正によれば、同じく法学者の加藤一郎が1953年に示した、計画高水流量以下で水害が発生した場合には管理に瑕疵があるとの見解が有力であったようである(6)。しかし、これに対する批判的な見解もあり、裁判の判決も多様であった。

例えば、河川法の工事実施基本計画で整備目標が達成されている多摩川で1974年に起こった水害に関する最高裁判決では、計画高水流量と同程度の流量で氾濫させてしまったのだから瑕疵があるとの理由で、管理者である国が敗訴している。他方、長良川水害の第一審では、被害を受けた2カ所のうち、安八《あんぱち》では住民勝訴、墨俣《すのまた》では住民敗訴と判断が異なっている。しかし第二審と最高裁では、計画高水流量よりも少ない流量で堤防が決壊して水害が生じたにもかかわらず、「工事実施基本計画に定める規模の洪水における流水の通常の作用から予測される災害の発生を十分に防止する効用を発揮し得る状態にあった」として、2カ所とも住民側が敗訴している(7)。

以上のように、河川整備目標が達成されていたかどうか、目標とされる計画高水流量と同程度かそれを下回る流量で水害が起こったのかどうか、判決によって瑕疵の判断は分かれる。しかし、少なくとも、そのしきい流量を上回る場合には不可抗力として、瑕疵責任が問えないとされる可能性が非常に高いとはいえそうである。したがって、管理者としては、しきい流量を定めておくことは、訴訟において重要な防衛策になる。
こうした裁判への対策が問題となっていた時期に河川局長を務めた近藤徹は、後日、次のように語っている(8)。

大東水害訴訟は万々歳の結論でしたけど、これから、あれとは違ういろいろなケースが起きたときに、今私言いましたようなケースが入り込んでくると、裁判所の判断も少し修正されるんじゃないか、それを先読みして、われわれの河川計画の手法にはこめておきましょうということであります。

さまざまな裁判の判断があり得ることをあらかじめ予想して対策を打たないと、河川整備事業は水害裁判の影響を受けてとどこおるおそれがある。よって、国の公共事業を推進させるためには、何重にも「防衛ライン」を設定する必要があるというわけである。しかし、慎重のうえにも慎重を期して何としてでも勝訴をめざす河川官僚の熱意は、水害被害者にとっては、国による耐えがたい圧力にみえるだろう。こんな現状では、河川管理者と利害関係者とが信頼に基づく協働関係を築くことは決してできないと私は考える。
本章では以下に、その対立緩和に向けたきっかけとなる考え方について述べておきたい。それは、そもそも川という自然物に人間がはたらきかけること自体が問題を含むのではないか、という環境問題の視点についてである。この視点は、1980年代から90年代にかけて重要視され、河川行政にも強い影響を与えるようになる。この動きを河川官僚はどのようにとらえていったのかを次にみておこう。

2・4 川に対して環境保全を要望する声の高まり

高度経済成長期においては、水害防除と水資源確保、すなわち、治水と利水の目的に対して川の改良追求をめざす河川整備事業がさかんに展開されていった。これに必要なダムは、先祖伝来の土地を奪われる人々の反対に悩まされながらも、河川法と技術基準に裏づけられた河川整備の大義によって訴えが退けられ、多数建設された。そのピークは1960年から80年にかけてであり、完成数は700基に達した(9)。さすがに、2200もの世帯が立ち退かなければならない利根川の沼田ダムは1972年に建設中止になったが、反対によって中止される事例は少なかった。

しかし1980年代からは、川を整備するうえで環境保全を重視するべきとの意見が大きくなって、ダム新設が次第にむずかしくなってきた。住民の立ち退き以外に、漁業関係者などによる反対は以前からあったが、多くは補償金による解決策がとられてきた。しかし、こうしたダムによって生活や職業に被害を受ける人の数に比べて、ダムによって川の流れを遮断することを危惧する人は不特定多数であるため、補償金で片づく問題ではない。ダムによって川を改良する工事自体が自然に背く面があるわけだから、河川法と技術基準のお墨つきが得られてはいても、環境問題に対しては、反対を封じる手段が手詰まりになってきたのである。

川を現状のままにしておけば、生き物の棲み処《すか》としての川、生活に潤いを与える川には変化が起こらない。もちろん、大雨時に氾濫が起こり、日照りに渇水が起こるだろうが、それは今までも起こっていた。しかし、川を人間の生活に沿うよう改良事業を実施すると、環境問題が発生する。例えば、基本高水流量を計画高水流量に低下させるために建設しなければならないダムによって、上流へ移動して産卵する魚の行動を妨げるなど、川の生態系にマイナスの影響が生じる。そもそも、人間が生活していくために自然を改変し続けることが妥当なのだろうか。こういった環境の問題は、河川整備事業を進めるうえできわめて厄介なテーマだと言わなければならない。

そこで、1997年には河川法が改正され、川に関する事業の目的に、従来の治水と利水に加え、「河川環境の整備と保全」が追加された。法律改正の最も大きなきっかけとなった環境問題は、長良川河口堰の設置事業であった。ダムの代わりとして河口堰が計画されたのである。なぜ河口堰が計画されたのか、また、それに対する環境面からの反対運動が、河川整備事業においてどのような意味をもち、河川法改正に影響したのか、次節で検討したい。

2・5　長良川河口堰反対運動の衝撃

１９６０年頃に計画された当時の長良川河口堰の主目的は、工業用水確保などの利水にあった。河口堰で水位を高くして取水を増やそうとしたのである。ところが、水需要が伸びなかったので、60年代前半には、下流のゼロ標高地帯の水害を防ぐ治水の目的が重視されるようになった。その河川整備事業は次のように進められた。

河川管理者の建設省中部地方建設局（現在の国交省中部地方整備局）は、長良川の河川整備計画を行うための基準点を、河口から約50㎞上流の、岐阜市にある忠節橋に定めている。１９６９年の工事実施基本計画における基本高水流量が８０００㎥／ｓ、計画高水流量は７５００㎥／ｓと決められた(10)。その背景には、１９５９年の伊勢湾台風と60年のピーク流量が参考にされている。

上記の決定により、長良川の水文設計においては、基本高水流量と計画高水流量の差である５００㎥／ｓをダムの貯留効果に分担させないといけないことになる。しかし長良川の上流にはダムの適地がない。そのため、これをダム建設とは別の工学設計によって肩代わりさせる必要が生じたのである。そこで計画高水流量を氾濫させないように海に流す方法として、複数の手法（堤防をかさ上げする、川幅を広げる〈引堤《ひきてい》という〉、川床を浚渫する）が、比較検討された。しかし、かさ上げは堤防が高くなることで破堤による被害を大きくするし、加えて多数の橋も掛け替えなければならない。また、引堤は多くの家に移転してもらわないといけない。結果的に、浚渫が最適だということに落ち着いた。ところが、浚渫にも問題があった。長良川には河口から15㎞付近にマウンドと呼ばれる上下流に比べ川底が高くなっているところがあって、このマウンドがあることで海から塩水が上流に及ぶのを妨げている。浚渫でこれを取り除くと、塩水の流れを止めることができなくなって、塩害が発生する。この問題を避けるためには、河口堰を設置して海水の侵入を制御するしかないというのである。以上のように長良川の河川整備計画では、水文設計に不可欠であるダムが建設できないために河口堰が計画された、という論理の流れを確認しておきたい。

この河川管理者の方針に対しては、環境保全の観点から強固な反対運動が起こり、当時の河川局長であった近藤徹が「大火事」と称するほど、反対の世論が沸騰した(11)。一方で、水害を減らしてほしいという下流低平地の住民の要望も大きかった。河口堰は環境を守るためには不要だが、技術基準と河川法によって客観的に位置づけられた治水事業には必要、という対立になってきたのである。最終的に、河口堰は1995年に完成、引き続きマウンドの除去が1997年に行われた。しかしその後、環境悪化も問題視され、現在もその役割について論議が続いている(12)。

2・6 環境保全問題への河川官僚の対応

激しい反対運動が起こったにもかかわらず最終的に長良川河口堰が建設できたのは、河川砂防技術基準によって水文設計の客観性が根拠づけられていることと、河川法によって工事実施基本計画が義務づけられているおかげである。だが、反対世論の大火事を抑えつけて河口堰を建設した結果、国交省はかなりのやけどを負ったといえるだろう。環境保全を軸にした反対運動を無視し続けたとすると、今後の河川整備事業はさらなる困難に直面しそうだ——河川官僚は深刻な危機感を抱いたのである。

環境保全問題は、特定の場所における特定の人々の被害・不利益から生じる利害関係問題ではない。水系全体あるいは、むしろ水系を超えた人間が川とどう付き合ってゆくのかという、不特定多数の人々が関心をもつ問題である。この問題は、流域という枠に縛られることがなく、日本の国内問題でもない。人間活動の拡大にともなう気候温暖化や生物種多様性の低下などの環境劣化への問題意識とシームレスにつながっている。水害は恐ろしいが、極端な大雨は必ず起こり完全に防ぐことはできない。人命を守ることは最優先課題だが、川の自然性や地球環境の維持を重視する生き方と水害対策を両立させる手立てはないだろうか——こうした包括的な視点が河川管理に影響を及ぼしてきたのである。

だとすれば、管理者のやらなければならない役割は多岐にわたる。水害や渇水を防ぐためにダムなどを造る。しかし、環境が悪影響を受けることを避けるための工夫もしなければならない。例えば、渇水時にダムから水を流して流量低下を防いで生き物を守る、ダムには魚の通れる魚道《ぎょどう》を造る、ダムに穴を開けて水・土砂の下流への影響を最低限にする、などの設計上の工夫を提案しなければならない。だが、そもそも自然条件を人が制御すること自体が自然を乱すことであるから、環境保全を望む人々の反対は抑えにくい。そのため、国交省の河川官僚は大きな困難に直面したのである。

水害を防ぎ、水資源を供給する、これらを目的とした河川整備事業は、法に基づき河川管理者の責任によって実行される。それなのに、環境問題が加わってくると、利害関係者の主張はバラバラであるばかりでなく、互いに相反するものも多くなる。近藤徹の次の発言は、河川官僚の困惑を代表しているだろう(13)。


例えば、自然保護を強く要望している人が、水害訴訟になると口裏を返して河川管理がしっかりしていないからじゃないかというようなことを言って、何らそこに矛盾を感じないというような感じの方もおられるわけだし、(中略)我々川を管理する立場からみれば、一つの川にあらゆる要求がつきつけられ、それがすべて生かされなかったといってさらに不満を述べられて、担当者が非常に苦慮しているという場合があると思います。

自然保護を唱える同じ人物が水害責任を追及するかどうかは定かでないが、管理者の立場にある個人にとってみれば、あれもしろ、これもやれと言われてはかなわない、というところだろう。そもそも水害は自然の力によって起こるもので、被害を完全になくすことはできない。それなのに、管理者が対策を講じなかったから水害が起きた、という追及が限りなく続いていけば対応のしようがない。だから、利害関係者もある程度妥協して河川整備事業に協力してほしい。——管理者としてもっともな本音の発露だといえよう。

ではどうしたらいいのだろうか。ひとつの解決手段は、住民はもちろん、環境保全を願う不特定多数の人々をも含み、できるだけ多くの利害関係者の主張を聞き、これを基に十分な時間をかけて合意形成をめざすようなシステムを作ることが考えられる。もうひとつは、環境保全論者の主張するような、川に手を加えずそのままにすることは、人間の利益のために川をデザインする立場としては完全には受け入れられないとしても、できるだけその意向に沿うように、設計を修正することが考えられる。だが、このふたつはいずれも、管理者にとって難問であった。

合意形成についての河川官僚の考え方は次節で記述することとして、先に、環境保全論者への彼らの対応を見ておこう。長良川河口堰問題で河川官僚が直面したのは、環境保全の立場からの反対運動の激しさであった。なかでも、最も深刻なポイントは、基本高水流量などのしきい流量を定める水文設計を前提としたうえでの設計変更では、反対派を納得させられないところにあった。ダムや河口堰などの人工構造物の建設そのものが環境を悪化させる、という点はどうしても否定しがたいからである。

当時、1990年頃の河川局長（現在の水管理・国土保全局長）は、近藤徹、尾田栄章《ひであき》、青山俊樹、竹村公太郎など、その後の河川行政に強い影響力を及ぼした大物が務めていた。彼らは個人的な差はあるにしても、ダム、あるいは河口堰という巨大なコンクリート構造物が川を遮ることは、水や土砂の自然な流れに逆らう、という事実を深刻に受け止めていた。例えば、竹村はダムに次のような多くの問題があることを指摘して、その問題解決に取り組んでいく必要性を認めている(14)。それは、冷水を放流してしまう問題、濁水が長期にわたる問題、貯水池が富栄養化する問題、ダムに土砂がたまって貯水効果が減る問題、そのために海岸が侵食されてゆく問題、下流や沿岸の魚類などの生息を阻害する問題である。河口堰についても、汽水域の生態系維持など、ダムと同じように、あるいはそれ以上に環境への悪影響を避けることができない。そこで近藤は、環境問題や生態系を研究する学者に教えを請うことを真剣に検討したようである(11)。こうした国交省河川局内の議論の結果は、1997年の河川法改正として実現された。図2・1にその要点を記す。

2・7　合意形成への河川官僚の対応

河川法は、環境保全問題の取り込みを図ることを意図して改正されたのだが、もうひとつの難題である合意形成についても制度化が図られている。河川整備事業においては、従来から、特に選ばれた有識者で構成される河川審議会の意見を参考にして、工事実施基本計画が策定されることとなっていた。しかし、図2・1に示すように、この改正でプロセスはふたつに分かれた。まずは、河川整備基本方針を工事実施基本計画にならって策定する。これは、社会資本整備審議会の河川分科会によって、川の水系ごとに方針が異なるのは公正ではないとして、各川の利害関係者の意見を聞かずに基本方針を設定するものである。この必要性は、すでに2・2で述べた。これに加えて、住民などの流域における利害関係者の意見をも取り入れる河川整備計画が新設された。なお、基本方針と整備計画との関係については、利根川を対象とした計画を記述する第3章で詳しく検討する。

河川整備計画の中に取り込まれた、住民など利害関係者との合意形成に関しての河川官僚の考え方を聞いておこう。河川法改正を進めた時期の建設大臣は亀井静香、河川局長は尾田栄章であった。この組み合わせは、省内での既存のしがらみを意識せずに自由で闊達な議論を交わ

図2.1 1997年の河川法改正の要点

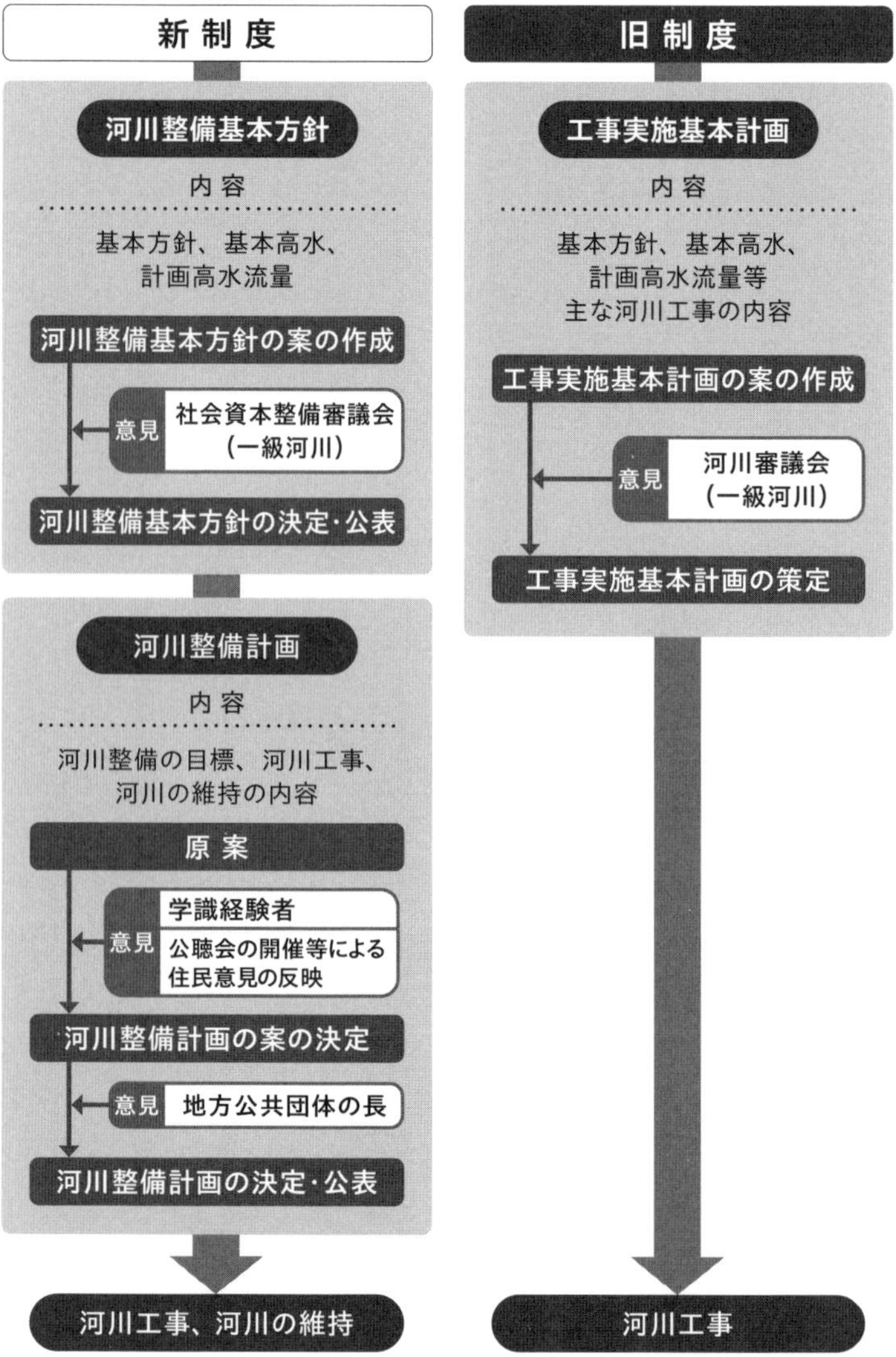

国土交通省九州地方整備局大分河川国道事務所ホームページ［文献(15)］の図を一部改変

すことのできる最良の布陣だったようである。尾田の合意形成問題への積極的な取り組みは、彼自身の10年後の振りかえりから明らかに読み取れる(16)。

そこではまず、従来の川の管理目標が、洪水や渇水の異常時に対する治水・利水への対策であったことへの反省が語られる。環境を加えたのは、川の365日を大事にするためであって、河川法改正のねらいは、治水・利水・環境の両立を徹底的に追い求めようとするためとされている。気象条件によって流量が変動することで起こる水害や渇水害を防ぐことは、目標として当然ではある。しかし、そうした災害対策だけではなく、山から平地への水の流れを、その流域の中でどのようにするのがよいのかという、川を総合的にみるべきだという発想が明確になっている。

それゆえ、河川整備計画においては、流域の中に住む人々を含む、さまざまな利害関係者が集まり、川をどうするのがよいかを互いに話し合うことが当然必要になる。河川法改正当時に書かれた尾田の文章を引用しよう(16)。

> 整備計画策定の際の住民意見の聴き方については、あらゆる手段を使い、流域の声が最も正確に総意として出てくるようにしたい。もちろんインターネットも利用する。当然、総論賛成・各論反対だけでなく、百家争鳴とどまるところを知らずになることもあり得よう。それだけに本当に決められるのか、との懸念も強い。しかしそこにこそ、これからの

河川行政の立脚点があると考えている。そのためには、これからソフトも含めて色んな意味での技術・手法の開発もいるだろう。今まで我々が最も苦手にしていた分野かも知れないが、怖れずに前を向いて歩いていきたい。

川をどうしてゆけばいいのかを考えるのは、河川管理者である役所や専門家だけではなく、利害関係の生じるすべての人であるべきだ、との方針が鮮明に読み取れる。

2・8　河川法改正後も残された対立

尾田が述べているように、河川法改正は、これからの河川行政の立脚点を明確にすることをめざすものであった。しかし、水文設計を工学設計に優先することから生じる問題点は積み残された。私は、この点が淀川水系流域委員会の議論から得られた環境保全問題をも含む合意形成の結論を河川整備計画に反映できなかった、その根本原因だと考えている。すでに述べてきたように、水系全体の河川整備計画の工学設計の合理性は、水害裁判において、特定の場所で発生した氾濫被害の発生責任を回避する根拠となっていた。また、技術基準においては、基本高水流量と計画高水流量の差をダムの貯留効果でまかなうと考える水文設計が核となっていた。このような水文設計と、水系全体の工学設計、特定の場所を対象とした工学設計の組み合わせは、極端な大雨が起こり得るために避けられない水害に対して、無限に責任を追及されないための絶対譲れない防衛ラインであったのである。

しかし、水害が起こった場合、被害者は、みずからの住んでいた特定の場所で氾濫が起こった原因は河川管理者の瑕疵にあるとみて、国の責任を追及する。このように川に対する考え方が立場によって異なっているため、対立は当然固定化する。そこで、この固定化した対立の大きな原因となっている水文設計の科学的根拠について、第3章でより深く検討してみたい。

第3章 基本高水流量の値に根拠はあるのか

3・1 利根川の河川整備計画への疑問

本章では、「しきい流量」に基づく「水文設計」の根拠とその妥当性について、利根川での事例を用いて詳しく検討する。利根川の「基本高水流量」については、その推定方法の妥当性が八ッ場《やんば》ダム計画の必要性とも関連し、２０１１年に日本学術会議の「河川流出モデル・基本高水評価検討等分科会（以下、分科会）」において議論された(1)。私自身も委員のひとりであったので、議論の詳細を記述する。

敗戦後間もない１９４７年９月、利根川流域はカスリーン台風に襲われ、首都圏に大水害が発生した。そのため治水対策が急がれ、１９４９年、群馬県伊勢崎《いせさき》市の八斗島《やったじま》基準点における基本高水流量、計画高水流量を、それぞれ１万７０００、１万４０００㎥／ｓとし、その差をダムで調節する計画が作られた。その後、１９８０年の工事実施基本計画において、それぞれの流量が２万２０００、１万６０００㎥／ｓに引き上げられた(2)。本章では、利根川流域のうち八斗島上流部を検討する。図３・１にその流域図を示す。

洪水調節を目的とする大きなダムは、１９６７年までに藤原、相俣《あいまた》、薗原、矢木沢各ダムが、91年に奈良俣ダムが建設され、２０１９年には長く問題になってきた八ッ場ダムもついに完成した。１９９７年の河川法改正を受けた河川整備基本方針の策定過程では、基本高水流量はそのまま２万２０００㎥／ｓだが、２００８年に計画高水流量は１万６５００㎥／ｓとわずかに増加している(3)。

八斗島の基本高水流量は、これまでに一番大きかった流量（既往最大流量）である１９４７年のカスリーン台風時のピーク流量２万１１００㎥／ｓと、過去の大雨時の流量の統計解析による確率年が２００年の場合の流量２万２０００㎥／ｓとが類似していることに基づいて決定されている。だが、実はカスリーン台風時、八斗島では流量が実測できなかった。そして、上流での実測流量からのピーク流量推定値は１万７０００㎥／ｓであったとされている。そうすると、その差約４０００㎥／ｓは、ダムがなかった時代だから、上流のどこかでの氾濫によってその周辺に貯留された効果のために流量が低下したと推測するしかない。

図3.1 八斗島上流の利根川流域とその地質区分

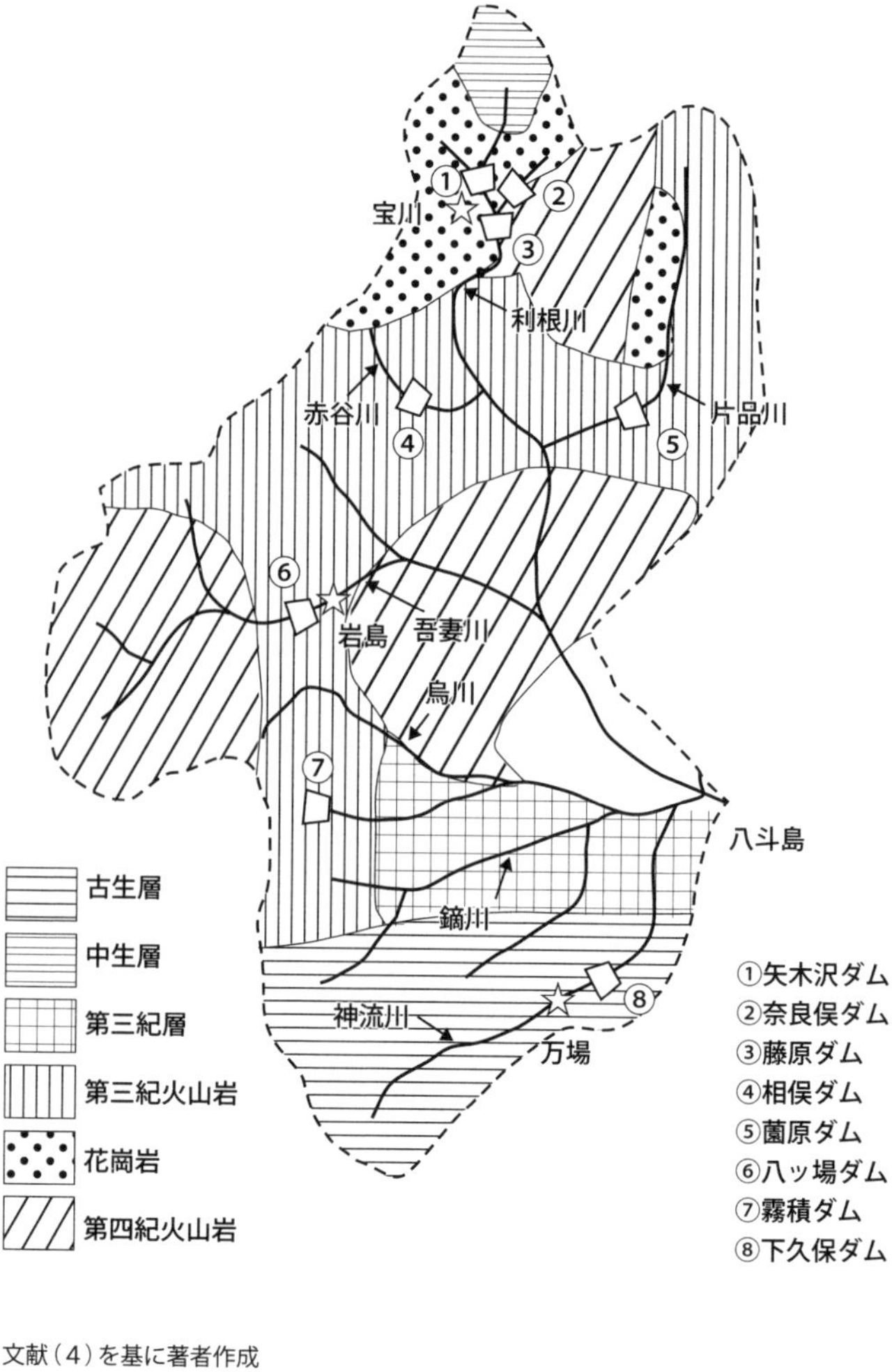

文献（4）を基に著者作成

ところが、河川工学者の大熊孝からは、氾濫域の現地調査に基づいて検討した結果、氾濫した範囲が広すぎるため、氾濫によって低下したとされる流量が過大だとする見解が示されていた(5)。さらに森林科学出身の社会科学者である関良基《よしき》からは、カスリーン台風の推定流量が仮に正しいとしても、水源が荒廃していた敗戦直後から徐々に森林が回復して保水力が向上したはずなので基本高水流量は大きすぎる、と指摘されていた(6)。

加えて、2005年頃までの大雨での八斗島のピーク流量はいずれも1万m³／s止まりで、カスリーン台風時の推定流量との差が極端に大きい。それゆえ、国交省が、カスリーン台風時のピーク流量や200年確率の基本高水流量をわざと過大に設定し、多数のダムを設置する根拠としているのではないか、という疑いがくすぶっていた。

そこで、もしその基本高水流量の値が過大だとすれば、新設の必要性が懸案となっていた八ッ場ダムがなくても水害が防げるのではないか、というダムに対する懐疑的な世論が2008年当時盛り上がっていた。おりしも2009年には民主党政権が成立し、国交大臣の前原誠司は、9月に八ッ場ダムの工事中止を決断した。12月からは「今後の治水対策のあり方に関する有識者会議」が頻繁に開催され、河川整備の方針の見直しが検討されていた(7)。

この状況の中の2010年、当時野党であった自民党の衆議院議員河野太郎は予算委員会で、上流流域の降雨条件から八斗島の流量を貯留関数法という流出モデルで計算する手法に関する質問を行った(8)。カスリーン台風の際の流量は実測値がないのだから、その計算のためには実測値のある別の大雨時のデータを用いて、モデルのパラメータの値を決めてから推定しなければならない。そのプロセスにおいて、貯留関数法のパラメータである「飽和雨量」というパラメータの値がはげ山レベルで小さすぎ、結果的にカスリーン台風時のピーク流量が過大に計算されているのではないか、というのが質問の背景となっていた。なお、飽和雨量の意味については後で詳しく説明するが、その値が小さいほど、ピーク流量は大きくなる。

前原の後任の国交大臣であった馬淵澄夫は、この質問を受けて計算をやり直すことを決め、客観性・中立性を確保する必要があるとして、日本学術会議に、流出モデルと基本高水の妥当性を検討するように依頼した(6)。

同省河川局長名の学術会議への依頼書によると、「これら（基本高水流量の検証：引用者注）は国土交通省が自らおこなうものですが、その際には、学術的な観点からの評価をいただくことが重要であり、評価をいただく上では、客観性と中立性の確保が不可欠であると考えています。（中略）国土交通省は、この評価を行う主体として日本学術会議がふさわしいと考え、貴会議に依頼することにしました。」(9)との趣旨が記されていた。八斗島のカスリーン台風時の流量、２００年確率の流量を、その推定に疑いがあると受け止めたうえで、第三者である学術会議に検証が妥当かどうかの判断をゆだねるとしたわけである。

学術会議の審議は、２０１１年の3・11東日本大震災をはさんで9月まで行われた。森林の保水力がテーマのひとつであったため、私は森林水文学の専門家として、この学術会議の分科会に参加することになった。

3・2　学術会議における基本高水流量検証

まず、分科会の結論を先に示す(10)。

①国交省の計算のやり直しでも、東大や京大が開発した別の流出モデルで計算しても、カスリーン台風時のピーク流量はほとんど同じであり、2万1100㎥／sは妥当だと推定される。

②200年確率の流量の値として定められる基本高水流量は、従来からの国交省の推定値2万2000㎥／sに問題はなく、妥当である。

③分科会以前から懸案であった、1947年当時から近年にかけて森林保水力が大きくなったため、降雨条件が同じでもピーク流量が低下したのではないか、との主張に関しては次のように判断する。土壌層の保水力は規模の大きな雨になっても限界に達するのではなく、引き続き発揮される。しかし、数十年の樹木成長にともなって保水力が大きくなるとは認められない。

委員であった私はこの結論に合意した責任を負っていることは言うまでもない。各項目に対する私の当時の判断は次のようであった。結論①については、2万1100㎥／sが過大である可能性は残るが、流出モデルで得られた計算結果をより正確な値に変えることが不可能だと判断して、最終的に結論に合意した。また、結論②については、私は森林水文学の専門家であっても確率については専門ではなかったこと、分科会の議論はほぼ①と③に費やされたこと、この2点を理由として、あまり疑問を感じることがなかった。ただ、私は当時、200年確率の流量の値を決めるとすれば、戦後の都市開発や温暖化を考えると2万2000㎥／sは過大とは言えず、むしろもっと大きくなると推測していた。最後の結論③については、分科会委員長の小池俊雄（河川工学者）が森林水文学専門家としての私の意見を基に回答に入れたものであって、現在でも同じ見解である。

本書においては、この分科会で積み残された問題点を整理し、新たに関連分野を学び直すことによって得られた新たな見解を説明してゆきたいと思う。その結果は分科会の回答とは異なる部分が多いが、災害対策に関する今後の議論の展開を願う私の意図をくみ取っていただき、ご容赦いただければ幸いである。以下、現在の私の見解について、③、①、②の順に説明したい。

3・3　森林の保水力向上について

結論③に示した私の考え方をキャッチフレーズ風に表すと、従来、土壌層が飽和すると保水力がなくなると言われることが多かったが、実際は大雨の場合でも土壌層は飽和せず、雨水が土壌を真下に浸透することで流量ピークが低くなる保水力の効果は持続する。ただし、その効果は長期間かかって形成される土壌層によるものであって、樹木の成長にともなって向上するものではない、となる(11)。

しかし、関良基は、戦後の荒廃から森林が成長してきたことを根拠に保水力が向上したと主張した。たしかに、１９４７年頃には、農家の生活は里山によって支えられており、樹木は頻繁に伐採され、落ち葉は常に持ち出されていた。そのため、斜面は背の低い樹木や草におおわれ、土壌もやせていた。けれども、これは戦争のために急に生じたのではなく、森林水文学者の太田猛彦《たけひこ》が指摘しているように、長期の森林利用によって成立したものである(12)。例えば、淀川流域の田上山にははげ山が広がっており、植生も土壌も失われていたが、地形学者の太田淩《りょう》嘉《が》が最近実証したように、江戸時代以降４００年間の森林利用の歴史がもたらした結果なのである(13)。

ところが、１９６０年代の燃料革命によりプロパンガスや化学肥料が使えるようになると、里山が利用されなくなって、伐採を免れた樹木はその後大きく成長した。一方、森林だけではなく土壌層も失われてしまっていたはげ山は、戦後の緑化工事の成功によって森林が復活し、降雨時の流量は劇的に低下したとみられる(14)。それは、地表面の流れが土壌層内の流れに変化するからであり、はげ山の場合は、森林復活によってピーク流量の低下があったとみて差し支えない。とはいえ、利根川流域の山は近畿・中国地方ほどには人間利用の影響は強くなく、花崗岩地質の山はあるが、はげ山が広がっていたわけではない。つまり、利根川流域の花崗岩山地は、生活や農業に利用される里山ではなく、ほとんど利用されてこなかった奥山に分布しているのである。奥山では、戦後復興に必要な木材を供給するために、原生林に近い成熟した広葉樹天然林が伐採され、代わりに１９６０年代にかけてスギ・ヒノキが植栽された（拡大造林という）。この伐採によって、広葉樹の根が腐って土壌層がくずれやすくなった可能性がむしろ指摘できる。

山から扇状地や平野に目を転じると、戦後は、都市化による宅地開発などが進んだため、これらの場所では、土壌内に誘導されていた雨水が速やかに地表を流れるようになったと考えてよい。したがって、戦後の歴史においては、このような降雨時のピーク流量を大きくする土地利用変化もあったのである。

ここで、付け加えておきたいことがある。森林を伐採して放置し、シカによる食害などで森林再生が阻害される事態が最近顕著に発生している(15)。その結果、土壌が徐々に侵食や山くずれで失われ、今後、土壌層がピーク流量を低下させる機能が低下することが予想される。保水力を維持するためには土壌層を保全しなければならない。ところが、土壌層が失われてゆく速度に比べ、基岩表面から風化によって土粒子が生み出されて土壌層が厚くなってゆく速度はきわめて小さい。土壌層発達に関する研究によると(16)、山くずれで土壌層が消失した場合、土壌層が復活してゆく速度はだんだん緩やかになり、80㎝の厚さに発達するのに300年程度かかる(第6章6・4参照)。この土壌層の形成過程からみると、戦後50年の期間はあまりにも短い。したがって、利根川流域の里山では燃料革命以後にたしかに樹木は成長したが、50年程度では土壌層が厚くなって保水力を増大させることはできない。こうした理由から、戦後の森林成長によって流域の保水力が向上した、という説は否定せざるを得ないのである。なお、本書の第2部では、この点を含め、自然のとらえ方について詳しく説明する。

3・4　貯留関数法による流量推定方法を理解する

引き続き、結論①の「国交省によるカスリーン台風時の推定流量は妥当」について、私の見解を述べる。この時のピーク流量の値2万1100㎥／sについては、回答における附帯意見にも書かれているように(10)、流出モデルによる計算流量は実績とされている流量よりも4000㎥／sも大きい。そこでこの2万1100㎥／sの値が過大である可能性について、私は分科会でその疑問点を指摘したが(17)、議論の結果、その値の妥当性を承認した。その理由としては、すでに述べたように、東大や京大の開発した流出モデルによる計算結果もこの値が妥当であると河川工学を専門とする委員が結論づけたこと、さらに、私は山地小流域の流出モデルによる計算は森林水文学の専門家として実施することができたのだが、長い河道をもつ利根川のような大流域での流出計算の経験がなかったことが挙げられる。ただ、計算はできなくても、国交省の流量計算では、カスリーン台風時のピーク流量が過大になる可能性がある根拠については指摘できることも多い。以下に説明したい。

後で述べるように、カスリーン台風時の流量が国交省の主張する2万1100㎥／sであったかどうかについては、私は現在、必ずしも河川整備計画に大きな影響を及ぼすとは考えていない。しかし、国交省がこの値の妥当性を強調する一方、大熊は過大だと考えており(5)(6)、この点が長く論争のテーマとなってきた。そこで以下において、観測値がない場合の流量推定が非常にむずかしいものであることを説明する。

降雨から流量を計算する作業において、国交省は、貯留関数法という流出モデルを採用している。この計算では、上流を39の支流流域に分けて、それぞれの流域に貯留関数法を適用して各支流から流れ込む流量を求める。次に、河道での流れによる流量ピークの発生時刻の遅れや値の低下の効果を加えて、八斗島の流量を計算できるようにしている(2)。そこでは、飽和雨量をはじめ分科会に詳細なデータを提供して、中身が見えるかたちでの計算が進められた。故意にごまかしたり、うそをついたりして計算しているのではないことを示し、信頼性を確保したかったのだと推測される。

次に貯留関数法について、図3・2を使って説明する。計算はふたつの手順から成っている。降雨があると、雨水は斜面の地下（土壌層や風化した基岩）に貯留されるもの（損失量）と、1〜2日の間に川へ流れてきて洪水流量を作るもの（有効雨量）とに分かれる。図3・2上部に示されているように、降り始めは、観測された雨量の多くが乾いた土壌層に吸収されて損失量となるが、土壌層がぬれてくると有効雨量への配分割合が大きくなる。総雨量が１００㎜で同じであっても、有効雨量は、例えば、日照りの時期には少なく、梅雨の期間には多くなる。このように雨量を有効雨量と損失量に配分する手順を、「雨量配分手順」と呼ぶことにする。

もうひとつは、有効雨量の時間変化から洪水流量の時間変化を推定する手順で、これを「時間変化手順」と呼ぶことにする。図3・2上部には、「時間変化を推定する」ことの意味がよくわかるように、AとB、ふたつの流域の流量の時間変化のグラフが描かれている。有効雨量とは観測雨量のうち洪水流量に配分されるものをいうので、有効雨量の総量は洪水流量の総量と同じになる。また、雨量配分手順は流域Aと流域Bで差がなく、洪水流量の総量は両流域で等

図3.2 貯留関数法における雨量配分手順と時間変化手順の説明図

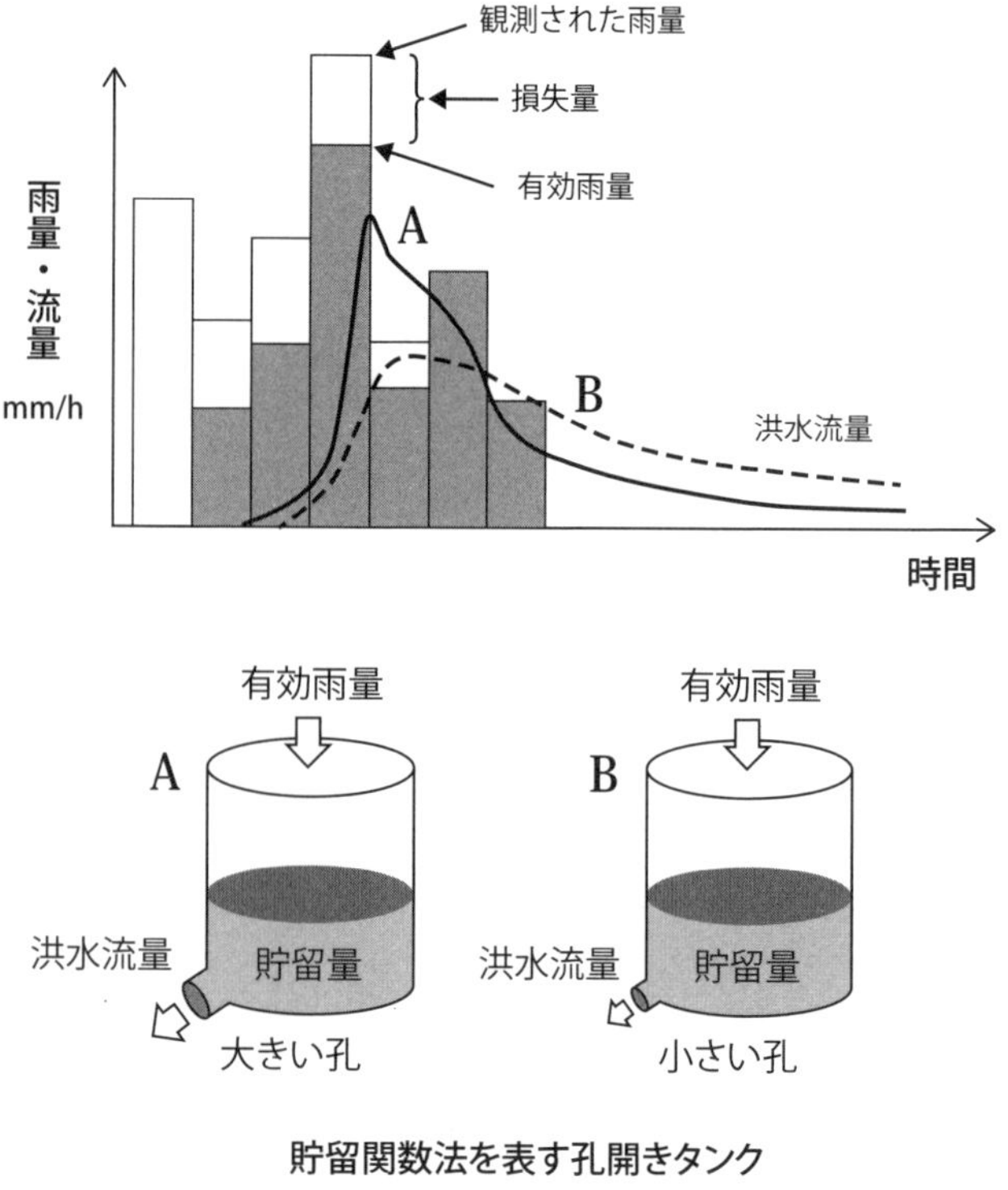

著者作成

（注）時間変化手順においては、底付近の流出孔の大きなタンクAの方がタンクBよりも流量がとがって、ピーク流量が高くなる

しいと仮定する。しかし、総量は同じでも、時間変化手順において、AがBよりも早く増加して早く減少し、BはAよりも変化がなだらかになるので、Bのピーク流量はAよりも低くなっている。

雨量のうち損失量は流域の地下にいったん貯留されるわけであるが、その後、雨の降らない日にゆっくり川へ出てきたり（基底流量）、植物の光合成にともなって蒸発（これを蒸散と呼ぶ）したりする。ただし、流域の中には、渓流やその周辺などの降り始めから湿っている場所、道路や基岩露出場所などの浸透しにくい場所などがある。貯留関数法では、そのような場所では降り始めから洪水流量が発生すると考えている。そうした場所の流域面積全体に対する割合を一次流出率と呼び、これは一定の値であると仮定している。そのため、降り始めの頃は、観測された雨量に一次流出率を掛けた値が有効雨量になる。

そのような場所以外では、降り始めからの雨量を積算した「連続雨量」が大きくなるにつれ、洪水流量が生み出される場所の面積が広がってゆくだろう。貯留関数法では、連続雨量が「飽和雨量」と呼ばれるパラメータの値を超えると、観測された雨量のうちほとんど全部、または大部分が洪水流量に配分されると考えている。その場合の観測雨量の有効雨量への配分割合を飽和流出率といい、一定値と仮定している。飽和雨量は、河野太郎が国会で質問したパラメータであるが、雨が降り始める前に流域が乾燥している場合には大きくなる。飽和雨量に達するまでに多くの連続雨量が必要になるからである。

連続雨量が飽和雨量を超えた場合、新しく降った雨がすべて洪水流量となる、つまり、雨量と有効雨量とが等しくなる流域も多い。その場合は、飽和流出率が1となる。だが、流域によっては、土壌は湿っていてもその下の風化基岩への浸透がいつまでも続いて雨量の一部しか有効雨量にはならないところもあり、この場合は、飽和流出率は1より小さい。後で述べるように、飽和流出率には地質が大きく影響していることがわかっている。

次に、時間変化手順について説明する。図3・2の下部には孔の開いたタンクが描かれており、孔からの排水量がタンクの貯留量によって決まることを表している。風呂の浴槽からの排水を思い浮べるとわかるように、貯留量（つまり水深）が大きいほど排水量は大きい。貯留量が小さくなると排水量は小さくなり、減り方がゆっくりになる。つまり、浴槽や孔開きタンクからの排水量の時間変化によって、図3・2の洪水流量の時間変化を表すことができる。貯留関数法では、この排水量と貯留量の関係を利用して、時間変化手順における雨量から洪水流量を計算するのである。

先に述べたように、図3・2上部において、流域AとBとでは洪水流量の総量は両者で同じなのに、時間変化が異なっている。この結果は、下部のタンクでAの排水孔がBよりも大きいことを反映した結果である。有効雨量の時間変化が同じであっても、孔が小さいほど排水しにくいから、排水量の時間変化をなだらかにする効果が得られるのである。

以上のように、貯留関数法は、ふたつの手順から成っていて、その時間変化手順は図3・2

下部のような孔開きタンクで表現できる。そして、雨量配分手順のパラメータには一次流出率、飽和雨量、飽和流出率があり、時間変化手順には、流量と貯留量の関係を表すのに必要な遅れ時間と、孔の大きさにかかわるふたつのパラメータが用いられる。利根川の場合、39個の支流流域においてそれぞれ貯留関数法で流量が計算される。これらの流量を使って八斗島流量を求めるには、さらに樹枝状の河道を流れることによって、時間変化もよりなだらかになり、ピーク流量の起こる時刻が遅くなる計算を加える必要がある。そこで、貯留関数法では、河道も斜面と同様に図３・２下部のようなタンクとみなして計算する。こうしてはじめて八斗島の洪水流量が求められるわけである。

3・5 洪水流量に及ぼす地質の大きな影響

ところで、雨量配分手順には流域の基岩地質が大きく影響することが、森林水文学の志水俊夫や河川工学の虫明功臣《むしあけかつみ》らの研究で１９８０年代にはすでに明らかになっている(18)(19)。その理由もほぼわかっている。それは、土壌の下にある風化した基岩に浸透した雨水の貯留変動量が大きいか小さいかで、洪水流量が大きく異なるからである。地質年代として、特に古い中生層や古生層（数千万年以上前に海底などに堆積した土砂が地殻変動によって押し上げられて、山の基岩になったもの）は岩盤が固く貯留変動量が小さい。そのため、洪水流量が大きくなり、飽和流出率がほぼ1になる。これに対して、富士山や利根川流域内の榛名山《はるなさん》など、第四紀火山岩の流域では岩盤が固まっておらず、地下に莫大な量のすきまがあってそこでの貯留変動量が大きく、雨量のほとんどが基底流量になって飽和流出率はたいへん小さくなる。第三紀火山岩や花崗岩の山は両者の中間で、飽和流出率は1には達しない。花崗岩の山は中古生層の山よりも森林が貧弱であることが多いので、洪水流量が中古生層よりも小さいという結果は、常識的な感覚とは反対にみえるが、この差は岩盤の性質によるものなので、その点、注意していただきたい。

そこで、利根川流域内で雨量配分手順に対する地質の影響を調べるため、流量観測データのある支流の5カ所の総雨量と総洪水流量の関係を図3・3に示した⒇（位置は図3・1参照）。総雨量が横軸、総洪水流量が縦軸に示されている。もし、流域全体が都市化されて森林土壌に雨水が浸透できない場合は、雨量がすべて洪水流量になるため、総洪水流量は実線で表された1：1の直線近くにプロットされる。山地流域では、日照りが続いている場合はもちろん、梅雨時であっても雨水の一部は土壌層に吸収されるので、雨量が少ない場合は総流量がごく小さい。しかし、総雨量が100㎜を超えると、雨量のほぼ一定割合が流量となる傾向がどの図にも認められる。

さて、図からもわかるように、雨量が流量になる割合は地質によって大きく異なっている。

図3.3 利根川流域の大雨ごとの総雨量と総洪水流量の関係

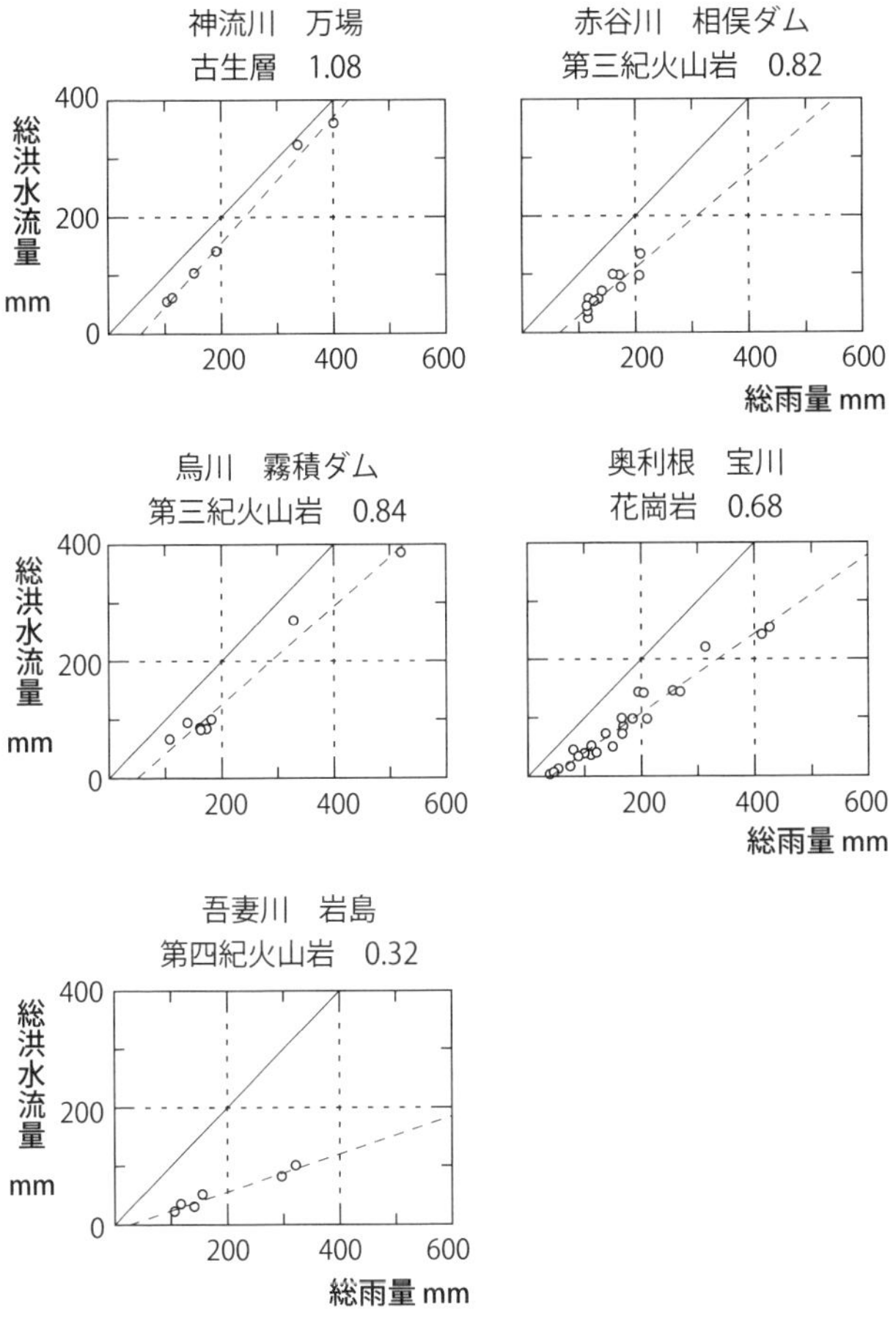

文献（20）を一部改変

（注）実線は、流域に降った雨量と川へ流れてくる洪水流量が等しいことを示す。破線は、各大雨のデータの並びの近似直線で、その傾き（雨量の流量への配分割合の平均値）を各図の上に数値で表示した

流域が古生層の万場は、雨量のほとんどが洪水流量になっている。図の破線の勾配で表される流量に配分される雨量の割合、すなわち貯留関数法でいうところの飽和流出率は1・08となっているが、物理的に1・0以上にはならないはずなので、誤差と考えざるを得ない。第三紀火山岩の相俣ダムと霧積ダムでは飽和流出率が0・8強、花崗岩の宝川では0・7程度である。また、第四紀火山岩の岩島は0・3程度で非常に小さい。

もちろん、支流ごとにばらつきはあって当然なのだが、雨量のうち流量として出てくる割合が地質によって異なる傾向は理解いただけると思う。国交省の計算では、飽和流出率を0・4としている第四紀火山岩の支流流域以外は、その値を1としている。したがって図3・3に示された傾向を基にすると、第三紀火山岩や花崗岩の支流流域では雨量の流量への配分割合は国交省の計算結果よりも小さくなって、ピーク流量は2万1100㎥/sより低くなるはずである。

すでに関良基は、こうした地質による飽和流出率の差を考慮して、花崗岩や第三紀火山岩での飽和流出率を0・7とした計算を実行している。これによると、カスリーン台風時のピーク流量は1万6600㎥/sの値となった(6)。図3・1に示したように利根川上流域に第三紀火山岩の地質が占める割合が多いことからみて、第四紀火山岩流域以外は飽和流出率を1・0としている国交省の計算結果は、流量が過大である可能性は高いと考えられる。

3・6 山地流域における洪水流量推定のむずかしさ

ところで、第三紀火山岩の相俣ダムや霧積ダムのような、雨量の流量への配分割合が0・8を超えるような場合、その割合を仮に1として計算しても、万場の1・08の値と同じように、誤差の範囲だとみることも、必ずしも不当ではない。つまり、雨量から流量への配分を推定する場合、図3・3に示すような地質による大まかな差異はあるとはいえ、配分割合を1とするか0・9、あるいは0・8とするかは、さまざまな誤差が含まれるため、値を断定するほどの規則性を見いだすことはむずかしい。現場の観測データにはたしかに規則性も見いだされるのだが、不確実さが含まれることはやむを得ないのである。

また、山地流域における降水量の観測精度の低さも、流量推定においては大きな誤差を生み出す。しかし、図3・3に「宝川」と表示されている宝川試験地の本流流域（19㎢）では、カスリーン台風の時を含む1947〜1955年に、林業試験場（現在の森林総合研究所）によって詳細な降水量の観測が行われているので、その標高の高い山岳での貴重なデータによって誤差をチェックすることができる。

この流域では、流域内24カ所に雨量計、49カ所に積雪深計が設置され、多くの職員による濃密な降水量観測が行われた。その結果、標高の低い流域の出口での降雨量・降雪量に対して流域平均の値はそれぞれ、おおよそ1・3倍、1・8倍となり、出口の降水量では流域平均を大きく過小評価することがわかった(21)。さらに、カスリーン台風時の流量計算を貯留関数法で求めてみると、流域出口での雨量を使った場合と流域平均雨量を使った場合とでは、飽和雨量やタンクの孔を決めるパラメータの値が大きく異なることも明らかになった(22)。標高の高い山奥には雨量計が少ないため、そもそも雨量の精度がはっきりしない。それなのに、貯留関数法のパラメータを観測データから推定しようとすること、これはたいへん困難をともなう作業だということがわかる。

長々と説明してきたが、結論としてはカスリーン台風時のピーク流量を正しく推定することはむずかしいことだと言わざるを得ない。雨量の精度、観測流量の得られた大雨事例の結果からパラメータを求めなければならない流出モデルの限界により、国交省であろうとほかの研究者であろうと、こうした問題を避けることはできない。しかし、第三紀火山岩や花崗岩の流域の飽和流出率が1より低い傾向が認められるにもかかわらず、これを1と仮定した国交省の計算結果2万1100m³/sはおそらく過大である可能性は高いだろう。だが、学術会議分科会の回答の結論①の「カスリーン台風時のピーク流量は2万1100m³/sと推定される」に対して、「データが大きな観測誤差を含む以上、計算結果を否定していくらの流量の値になるとまでは主張できない」というのが私の当時の判断であった。

3・7 はたして200年確率流量を推定できるのか

最後に、学術会議検討会の回答の結論②として示された「200年確率の流量の値として定められる基本高水流量は、従来からの国交省の推定値2万2000㎥／sに問題はなく、妥当である」について検討する。

前節で述べたように、検討会の回答①のカスリーン台風時の流量2万1100㎥／sの値については過大である可能性があるわけだが、値を特定することはむずかしい。そこで、この値はひとまず妥当だと仮定して、200年確率流量を求める手順について調べてみよう。

2011年以降に私が再検討した現時点での結論は、「200年確率流量の推定値は大きな幅をもち、ひとつの値に絞り込むことは無理だ」というものである。河川整備計画におけるしきい流量の決定条件としてきわめて重要なので、できるだけわかりやすく説明してゆきたい。

第2章2・1で述べたように、河川砂防技術基準では、河川整備事業の計画規模を、過去の水害の結果を後追いする自転車操業的対策ではなく、確率主義によって設定することになっている。つまり、平均して何年に1度の割合でその値を上回るかという超過確率に基づきしきい流量を求めて、計画を立てるわけである(23)。なお、平均してn年に1度の割合でその値を超

図3.4 利根川の八斗島上流流域の3日雨量と八斗島ピーク流量の関係

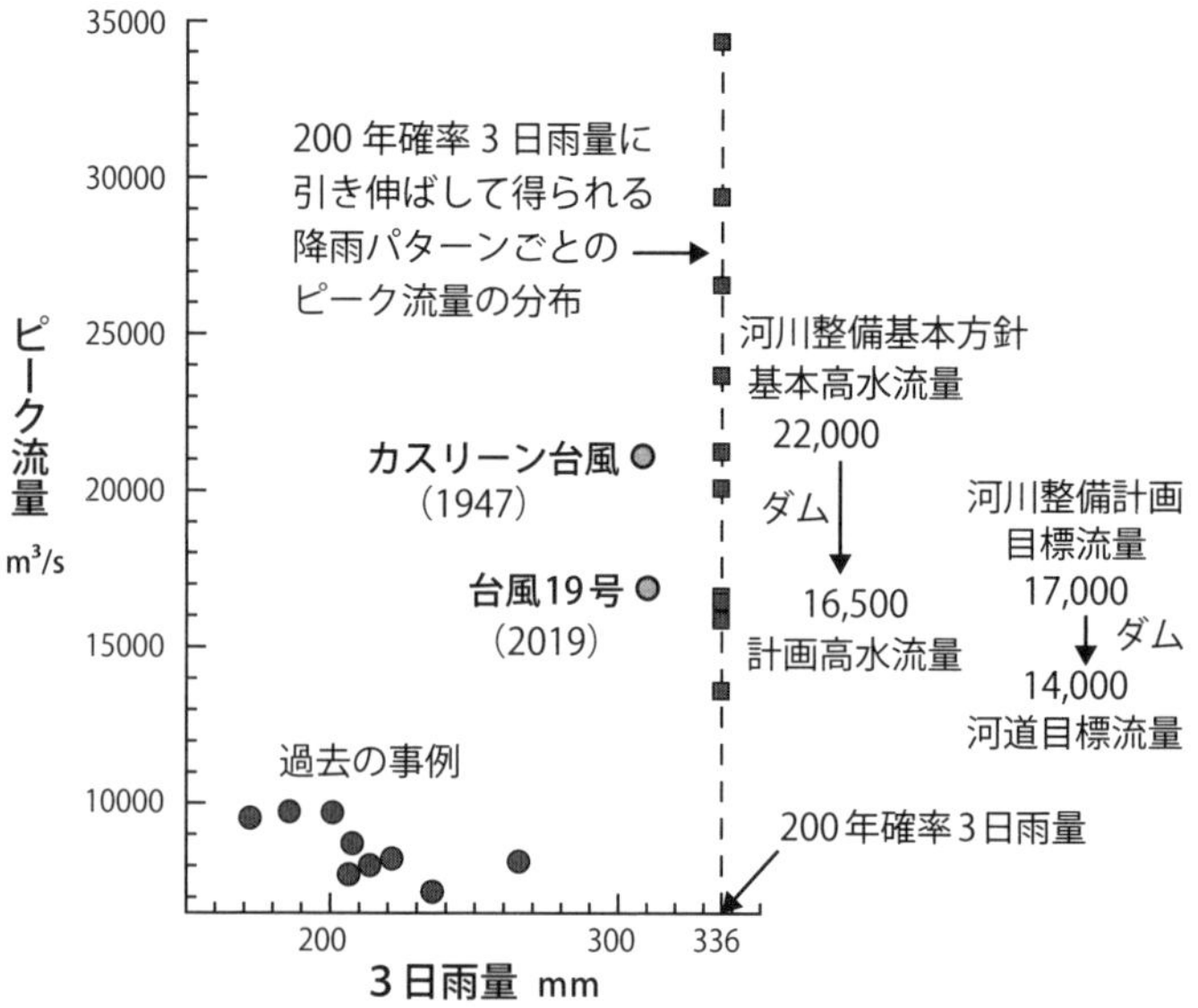

文献(26)(27)のデータを基に著者作成

える雨量や流量が発生する時、それをn年確率の値と表現する。したがって、1年にその値を超える雨量や流量が発生する確率はn分の1ということになる。

利根川の場合、超過確率を計算する総雨量として3日雨量が採用されている。この3日雨量と八斗島のピーク流量の観測値を基にn年確率のピーク流量の解析を行い、基本高水流量を決定する。図3・4は、規模の比較的大きい降雨事例の3日雨量とピーク流量の関係を示している。なおこの図には、2011年以降に発生した2019年の台風19号時の結果も記入した(24)。

さて河川整備計画においては、基本高水流量を設定するために「総合確率法」という手法が提案されている(25)。確率年に対応する総雨量をまず与え、次に流出モデルを用いて確率年の流量を推定するのだが、この手法では、総雨量が同じでも降雨パターンによってピーク流量に大きな幅が生じることに配慮している。大雨の事例ごとに時間的・空間的な変動がたいへん大きいからである。

総合確率法を用いた利根川の基本高水流量推定手順の概要は、次のとおりである(26)(27)。専門的なむずかしい内容なので、この説明(番号を付している)を飛ばして読み進めていただいてもよいが、水文設計にとって重要な基本高水流量を国交省がいかに苦労して作成しているのかを考えるうえで重要なポイントなので、あえて記述しておきたい。

① 3日雨量の超過確率を解析する。その結果、超過確率1／200の値は336㎜となった。

② 過去に起こった62の大雨事例を使って、3日雨量が336㎜になるように時間雨量を伸び縮みさせ、その雨量を流出モデルに入れて39の支流流域の流量を計算する。例えば、3日雨量が200㎜の大雨事例があったとすると、時間雨量を1・68倍(=336／200)ずつ大きくする。このようにして、3日雨量が同じで降雨パターンの異なる仮想の大雨事例62個を作り、八斗島の洪水流量への降雨パターンの影響を調べる。その結果、比較的規模の大きい10の事例では、3日雨量が336㎜の時のピーク流量の計算値は、1万3620

〜3万4358㎥／sの範囲で得られた。この計算結果のそれぞれは、図3・4に■で表示した。

③すでに得られている3日雨量の発生確率を利用して、ピーク流量をひとつの値に絞り込む作業を行う。そのためにはまず、3日雨量を336㎜以外の100㎜、200㎜……1000㎜など多くの値にも広げ、②と同様の手順で降雨パターンごとのピーク流量を計算する。これによって、3日雨量のさまざまな値に対するピーク流量の値が、62の降雨パターンごとに求められるので、3日雨量とピーク流量の関係曲線が降雨パターンの数だけ作り出される。この関係を使えば、ピーク流量の任意の値に対する3日雨量の値を、降雨パターンごとに読み取ることができる。

④3日雨量と超過確率の関係は最初に解析されていてわかっている。そこで、この関係を使えば、ピーク流量の任意の値をもたらす3日雨量の値の超過確率を降雨パターンごとに求めることができる。その超過確率の平均値をピーク流量の超過確率とみなす。その結果、200年確率となる八斗島のピーク流量が2万2000㎥／sと推定された。

総合確率法はたいへん煩雑な手法であるのだが、ほかに代わり得るような手法がないので採用されているのではないか、と私は推測している。だが、手法そのものの科学的根拠の有無を云々するよりも、そもそも、その手法が適用できる前提が整っていないように感じる。問題点を指摘してみよう。

まず、これらの確率年の雨量や流量を推定する手法には、データが得られる期間が短いという、基本的な問題点がある。利根川の場合、使用可能な雨量と流量の期間はそれぞれ68年間と72年間である。しかし、この期間は、河川整備計画の基本となっている超過確率の考え方を適用するには短すぎる。なぜなら、年超過確率は、「平均して何年に1度の割合でその値を超えるかの確率」だからである。過去のデータをみてみると、この72年間に8000m³／sを超えるピーク流量は数えると8回ある。平均して9年に1度の割合で8000m³／s年を超えたわけだから、10年確率のピーク流量はこの付近の値である、との推定は説得力があるだろう。

一方、図3・4を見てわかるように、この期間に1万m³／sを超えるピーク流量は、カスリーン台風の1回だけで、国交省によるとその値は2万1100m³／sであり、そのほかの大雨は1万m³／sを下回っている。もし1000年間のデータがそろっていて、2万2000m³／sを超えるピーク流量が4回あったとすれば、その値の確率年は約250年になるし、10回あったとすれば約100年になるとみていいだろう。ところが現実にはデータが72年間しかないのだから、200年確率のピーク流量の値を推定してみても、確からしいとはいえないだろう。

雨量のデータから流出モデルを使って確率年に相当するピーク流量を求める場合にしても、まず200年確率の3日雨量を求めなければならないが、流量と同じようにデータの得られた期間は短い。図3・4を見ると、3日雨量が170から270㎜の広い範囲に対してピーク流量は1万㎥／s未満に収まっているのに、約310㎜のふたつの事例（カスリーン台風と台風19号）ではピーク流量がとびぬけて大きくなり、かつ、それぞれの値がかなり異なる。3日雨量を336㎜にそろえた場合は、ピーク流量が降雨パターンによってさらに非常に大きな幅にちらばっている。今後は、過去に起こった事例とは異なるような降雨パターンも起こるだろう。したがって、200年確率のピーク流量をひとつの値に絞り込むことには、大きな無理があると言わざるを得ない。

加えて、こうした確率年の雨量や流量を推定するには、その前提として、考えている期間にある値が同じ確率で起こることが前提である。しかし、過去100年間に比べ、今後100年間は、温暖化によって日本周辺の海面温度が高くなって、規模の大きな雨がより頻繁に発生する可能性が高い(28)。したがって今後は、流量が2万2000㎥／sを超える大雨は、過去に比べてもっと頻繁に発生する可能性が高い。

実際、2019年の台風19号によって、図3・4に示すように、八斗島では1万㎥／sを大きく超えるが、2万1100㎥／sを下回る規模のピーク流量が記録された。よって、総合確率法の煩雑な計算をするかどうかにかかわらず、また、カスリーン台風時の流量が過大であろうがなかろうが、過去の事例を示すこの図から得られることは、次のような推定がせいぜいであろう。

3日雨量で300㎜未満なら、過去の多くの事例からみてピーク流量は1万㎥／sを超えないようである。だが、3日雨量で300㎜を超えると、ピーク流量は1万㎥／sよりかなり大きくなっている。また、温暖化の影響があるので、今後は規模の大きな降雨が起こる確率は高くなる。だから、1万5000から3万㎥／sの範囲のピーク流量は近いうちに起こると考えるべきだろう。

以上述べたことから、200年確率のピーク流量を2万2000㎥／sのただひとつの値に絞り込むことには根拠がないと断定せざるを得ない。国交省によって行われた計算プロセスには、学術的な観点からみて間違いがあるとはいえず、わざと過大な値を作り出してはいない、と評価できる。だが、200年確率の雨量や流量を72年程度の過去のデータから推定した結果は、「その方法によれば、ある数学的な仮定の下に、この値が得られる」という以上の意味はもちようがない。

とはいえ、私は、こうした年超過確率を用いた計算が間違っているとか無意味だと考えているわけではない。管理者と利害関係者との間の河川整備計画を決定する議論において、このように推定された「しきい流量」の値が前提になってはならないと主張しているのである。それゆえ、こうした年超過確率の計算結果、例えば図3・4のような結果を公開し、それがかかえる問題点について管理者と利害関係者で議論するのであれば、コンセンサスを得るために有効であろう。しかし、管理者が計算によって絞り込んだ流量の値を、「専門家が学術的に決めた正しい値であり、基本高水流量として絶対に変更できない河川整備計画の前提だ」と言い張るとすれば、それは明らかに科学の教えるところを反映しない暴論であり、利害関係者との対立をもたらす原因にしかならない。

学術会議分科会での議論経過を顧みると、カスリーン台風時のピーク流量の妥当性（本章の記述では結論①にあたる）に関する議論に多大な労力を費やした。そして、その値が過大である可能性があるのに、妥当だとの結論を承認した。また、総合確率法などを通した基本高水流量を求めるプロセスの妥当性に関する問題（結論②にあたる）は、十分な時間をかけては検討されなかった。私もこの確率に関する議論の知識は乏しかったので、問題点を指摘できなかった。結果的に、学術会議からの国交省への回答においては、カスリーン台風時の流量の推定が妥当なので、基本高水流量の値も妥当だという判断がなされてしまった(10)。

以上の記述は、私が分科会以降に総合確率法などの手法を自分なりに調べて10年かかって判断したことである。読者にはこの経緯をどうかご理解いただきたい。

3・8　やれることを目標に言い換えた河川整備計画

さてこの学術会議の分科会においては、八ッ場ダムの建設の必要性も含む利根川の河川整備計画の基本的な根拠を明らかにするため、基本高水流量の妥当性に関する議論が行われているのだと私は理解していた。しかし、次に記すように、国交省はそうではなく、基本高水流量と八ッ場ダムの検証とは別の話だと考えていることがわかってきた。つまり、八ッ場ダム建設の可否に関しては、別途、関東地方整備局（以下、関東地整）において、「ダム事業の検証に係る検討に関する再評価実施要領細目」に基づき、「八ッ場ダム建設事業の関係地方公共団体からなる検討の場（以下、検討の場）」で議論されていたのである。

そこで生じる大きな疑問は、「河川整備基本方針と河川整備計画の関係（図２・１）において、基本方針の基幹となる基本高水流量の決定と、ダム建設を含む具体的な整備計画との関係は、いったいどのように理解すべきなのか」という点である。

検討の場で関東地整は、次のような内容を説明している(29)。

①カスリーン台風の時のピーク流量は２万１１００㎥／sであり、学術会議で検討中の基本高水流量は２万２０００㎥／sである。これらの値は、河川整備基本方針で決められた河川整備の最終目標である。しかし、20〜30年でこの目標を達成することは不可能である。

②利根川水系は、河川整備計画がまだ策定されていないので、八斗島基準点の「河川整備計画相当の目標流量」を１万７０００㎥／sと定める。そうすれば、堤防強化、稲戸井《いなどい》遊水地活用、河道掘削、八ッ場ダム設置などの工事で20〜30年の間に達成することが可能である。なお、この目標流量の値は、カスリーン台風時、上流で相当の氾濫があった結果、八

斗島を流れた流量に等しい。

そこで私は、分科会での検討とこの「検討の場」での説明との関係がわかりにくいと感じ、文書で国交省に質問した(30)。これに対する回答は、端的に言えば、図2・1に示した1997年改正河川法における河川整備基本方針と八ッ場ダムの建設に関する検討とは別の話である、というものであった。回答の一部を引用する(31)。

> 「現在実施中の主なプロジェクト（八ッ場ダムを含む）等を進めることにより、概ねの水準を考慮すること」という記述（検討の場における資料に書かれた記述：引用者注）は、八ッ場ダム検証における河川整備計画相当の目標流量についてのものです。この目標流量は、長期的な観点に立って定める河川整備の最終目標である河川整備基本方針で定める基本高水ではなく、今後20～30年間程度を一つの目安とした段階的な目標に相当する流量です。このように、目標流量が今後20～30年間程度を一つの目安とした段階的な目標であることから、その検討には、現在実施中の主なプロジェクト等を進めることにより、20～30年間に効果を発現することが可能な概ねの水準を考慮することが必要となるものであり、それによって整備計画相当の目標流量を設定するものです。

「目標」の文字が何度も出てくるにもかかわらず、何を目標としたいのかはわかりにくい。

要は、利根川水系では整備計画が未作成なので、目標流量に相当する値をどのように設定するのか、八ッ場ダムを含む工事（プロジェクト）のどれをどのように進めるのかの両者について、同時に検討する。この目標流量は、学術会議分科会で検討している基本高水流量と混同しないでほしい、ということのようである。

しかし、河川法では、基本高水流量を含む長期的な河川整備基本方針があって、それを前提にして河川整備計画が住民等の意見を聞いて検討されることになっている。そして、今後20〜30年間で目標流量を達成するために、ピーク流量を低下させるダムが必要になっているはずである。だから、基本方針と整備計画とダム建設とは関係があって当然である。にもかかわらず、私は、回答書を受けただけではなく、当時関東地整河川部長であった山田邦博（後の国土交通事務次官）ほかから、あなたの質問内容は河川整備計画に対する誤解に基づくと、口頭で説諭された。だが、誤解しているとはどうしても思えなかった。

このような経緯をふまえ、ここで、基本方針と整備計画とダム建設との因果関係はどうなっているのか、私なりに整理しておきたい。関東地整が後日作成した資料は、次のように要約される(29)。

① 利根川水系の河道を氾濫なく流せるのは、現状では30〜40年確率の流量である（それ以上だと氾濫する）。

② 河川整備の最終目標は、河川整備基本方針で定める基本高水流量（200年確率の2万

2000㎥／s）を氾濫なく流せるようにすることである。

③全国の川で国交省が直轄管理する重要な区間については、戦後最大の流量を氾濫なく流せることを河川整備計画の目標流量として設定していることが多い。利根川の場合、戦後最大はカスリーン台風時の流量2万1100㎥／sであり、これを氾濫なく流せるようにするべきなのだが、20～30年間で達成することは不可能である。

④目標流量を70～80年確率の値である1万7000㎥／sとし、河道目標流量（ダム貯留効果によって河道を氾濫なく流せる流量）を1万4000㎥／sとすることなら、20～30年間でダム新設を含む工事によって達成可能なので、この計画を採用したい。

この記述は、河川整備事業が氾濫なく流せる流量の確率年を引き上げることを目標としており、第1章で述べた分類では、回復維持事業とは区別された改良追求事業に位置づけられる。同時に、戦後最大流量を目標としても不可能なので、段階的な設定をせざるを得ない管理者としての苦渋をも表している。したがって、この説明を受けた場合、利害関係者からは、ただちに次のような2種類の疑問や反論が提起される可能性があるだろう。

（A）首都を含む重要な区間なのだから、ほかの主要河川と同様、戦後最大の流量を目標に整備すべきではないか。「不可能だから必要な事業は実施しない」とはじめから決めつけるのは、目標に向けて努力すべき河川管理者としての責任を放棄しているのではないか。

（B）「氾濫なく流せる流量を確率30～40年の値から70～80年に引き上げることは20～30年間で

工事可能」という表現は、「やれることを目標に言い換えている」だけで、計画目標の根拠を示したことにはなっていないのではないか。

　要するに、その目標流量は達成可能な水準であるに過ぎず、戦後最大流量や河川整備の最終目標である基本高水流量よりは小さいのだから、この目標流量の値が絶対動かせない前提だとはいえないはずである。このような疑問が起こる以上、この関東地整の提案をたたき台にして、管理者と利害関係者の間で、十分に議論が交わされなければならないだろう。

　だとすれば、第1章の淀川委員会で検討されたように、目標流量と河道目標流量を前提とせず、水害を減らしていのちを守る対策を検討することが可能だし、そうしなければならないはずである。「広い視野からの多角的な検討」をやってみなければコンセンサスが得られない問題であるのにもかかわらず、関東地整は、目標流量1万7000㎥／sを河道目標流量1万4000㎥／sに低下させることを前提として、ダム以外の方法のコスト計算を行って比較している(32)。その比較の結果として八ッ場ダムが最適だと結論づけておいて、利害関係者にその結論に賛成か反対かを問うている。前提となっているしきい流量に関する議論を遮断しているとしか言いようがない。

　議論がなされない以上、利害関係者は、関東地整の提案に対して反対するか、不満をもつかしかなくなる。にもかかわらず、現実には、関東地整の計画したとおりに利根川の河川整備が進んでゆき、目標流量を河道目標流量に低下させるために必要な八ッ場ダムも2019年に完成した。ただ、このプロセスによって、河川管理者と利害関係者との間の潜在的な対立関係は積み残されたと私は考えている。それゆえ、水害がいったん発生したあかつきには、激しい対立が噴出するであろう。被害が起こる前も後も水害対策に共に協力して取り組むような、流域治水に必要な流れは遠のいた、と言わざるを得ないのである。

本章で強調したいのは、管理者と利害関係者との対立の根本的な原因は、降雨の不規則な変動を受け取って流す川を人間が設計すること、川の自然性に対する無理な取り扱いから生じているということである。大雨の規模がまれに起こるものほど大きくなる性質があるのはそのとおりで、超過確率によって解析することはひとつの手法としては不当ではない。しかし、この解析結果を利害関係者との議論の材料にとどめるのではなく、基本高水流量などのしきい流量をひとつの値に絞り込んで、それを利害関係者に押しつけることに問題がある。そして、管理者はこの値を河川整備事業の前提とすることによって、水害を防ぎ人命を守るための多様な議論を封じてしまっている。これでは水害対策のコンセンサスは得られないということを、管理者は理解するべきである。

第4章 安全性向上の哲学では改善されない対立構造

4・1 川の自然性から生じる水害対策の矛盾

これまで、川がもつふたつの自然性から生じる水害に対して、何らかの対策を講じるうえでの問題について説明してきた。そのひとつは、川は場所と場所とを線状につないでいるので、それぞれの場所の利害は一致せず、利害調整が必要になるという問題であった。もうひとつは、降水がもつ時間的変動が不均質であり、めったに起こらない変動ほど極端になるため、いつどれくらいの規模の水害が起こるかわからず、どのような対策を立ててみても水害を根絶することはできないということであった。

このふたつの自然性が河川整備事業の前提となるため、河川管理者は、河川整備の達成目標となるしきい流量を決める水文設計、川の水系全体のバランスを考えた工学設計、河道のローカルな部分を対象とした工学設計の3つを組み合わせるという課題を解決しなければならなかった。ところが、水文設計においては、第3章で詳述したように、基本高水流量などのしきい流量をひとつの値に絞り込むことは困難であり、また、しきい流量を決めてもその目標を短期間に達成することができず、管理者は、事実上、使える予算の範囲内で工事をするしかないという結論に陥ってしまった。

そこで河川整備事業を進めなければならない国交省は、計画高水流量を低くするために不可欠であるダム建設に対する反対運動や、災害を受けた被害者からの瑕疵責任の追及を退けるため、必要な防衛ラインの構築に努力してきた。河川整備事業のスムーズな推進には、利害関係者との対立関係に基づく裁判に勝訴することが不可欠であったのである。

そもそも、誰もが避けたい水害を防ぐために税金で行う公共事業であるにもかかわらず、事業を行う管理者と利害関係者との対立が固定化してしまうという不幸な事態が起こるのは、根本的におかしい。実際、1997年の河川法改正においては、徹底した話し合いによる利害調整が掲げられ、対立緩和が図られた。その後に発足した淀川委員会では、管理者と利害関係者の間で、氾濫しやすい箇所の堤防強化とダムを含む水系全体の改良をフラットに比較しようとする多角的な検討が実現した。その結果、自然の流れを遮断するダムを優先しない考え方を打ち出すなど、河川整備事業に対して画期的な提案が生み出された。

しかしながら、改正河川法がめざしたはずの利害調整の理想は、河川法を改正した国交省自身によって、その実現への流れが遮られた。河川砂防技術基準が定めている河川整備の基本的な考え方と整合しなかったためである。技術基準は、「氾濫なく流せる流量を引き上げるため、降雨条件を定めて得られる基本高水流量を、ダムの貯留効果によって、計画高水流量に低下させる」という水文設計を前提としており、それをふまえて工学設計を行うという流れを定めている。したがって、堤防強化のような、工学設計によって水文設計を変えるという逆向きの論理は、否定せざるを得なかったのである。

4・2 改正河川法の理想と矛盾する安全性向上の哲学

こうした水文設計優先の考え方を、なぜ国は変えることができないのか。これについてはこれまで、水害裁判に敗訴してしまうと河川整備事業がとどこおるためであると指摘してきた。しかし、しばしば引用してきた河川官僚の重鎮である近藤徹が利根川について述べている考え方は、より確固とした「安全性向上の哲学」を語っている(1)。

利根川の東遷（東京湾に流れていた利根川を、江戸時代初期に銚子で太平洋に流れるように付け替えたこと：引用者注）というのは、（中略）江戸時代に利根川と渡良瀬川・鬼怒川の3本の川を1本にしたのです。頭と胴体と足が全く別物をくっつけたのです。つまり、もともと1本の川としてでき上がっていませんので、借り物の足で銚子へ流れているのです。このため、下流の河道は大きな洪水を流せる実力がなく、そうすると上から来る重圧を避けるためには、ダムは極めて有効な手段となります。利根川の計画の基本となる洪水流量の2万2000t（㎥／sのこと：引用者注）が多いとか少ないとかで議論されていますが、とにかくダムにより上流でカットしてくれるのは大変ありがたいことなのです。そういう位置づけで利根川の治水計画ができているのに、そのような話が政府の皆さん（民主党政権のこと：引用者注）には理解されていない。

近藤はさらに進んで、八ッ場ダム反対派の主張については、「これは単なる技術論にすぎない。技術の奥に流れている安全をどう確保するかという哲学が全く欠けていると思います。流域面積や雨の降り方などの枝葉末節なところでダムは要らないという議論が出てきます」と、持論である「水害に対する安全性向上の哲学」について説明している。

近藤の哲学に従うと、第3章で詳述した学術会議分科会におけるカスリーン台風時の流量推定や基本高水流量などのしきい流量の客観的・科学的な妥当性に関する議論は、枝葉末節の技術論に過ぎない。また、水害を防ぐためにはダムが必要かどうか、という淀川委員会の議論もまた、水系全体の安全性向上を掲げる近藤の哲学からみて本質的ではないことになるだろう。

近藤の言いたいことは、結局、しきい流量が過大であろうがなかろうが、また、個別のダムの効果が大きかろうが小さかろうが、それは必ずしも本質ではない。現状に比べて流せる流量を引き上げて水系全体で氾濫に対する安全性を向上させることこそ、河川整備事業の哲学である、ということになる。したがって、ダムの効果を含む水文設計は「水系全体の安全性を高める哲学」を具体化したものにほかならないので、利害関係者との議論にゆだねることは許されないのである。

近藤の「哲学」は、しかし、環境保全も重視して利害関係者とのコンセンサスを得るべきだとする尾田栄章の掲げる97年改正河川法の理想とは、明らかに整合しない。河川官僚の中で相矛盾した考え方が並存していたわけである。その結果として持ち上がる不幸で深刻な問題は、水害が減少して利害関係者が満足する結果が結局のところ生み出されないことである。河川官僚の意図とは反対に、管理者と利害関係者の対立が固定化される結果となった。

要するに、何としてでも現状から将来に向けて改善を追求していかなければならないという安全性向上の哲学に固執することこそが、対立固定の原因ではないかと思われる。たしかに利根川は、その河口を江戸から銚子へ付け替えたので、河道の規模に上流下流間のアンバランスがみられるだろう。しかし、この点に由来する氾濫を減らすために、ダムを多数建設することは、河川管理者が勝手に決めてよいことではなく、利害関係者の合意を必要とすることである。安全性向上の哲学には、この民主主義的な発想が根本的に欠如している。

97年改正河川法によって利害調整への機運が一度盛り上がったのにもかかわらず、2011年の学術会議分科会での利根川の基本高水に関する議論以降、河川管理者が安全性向上の哲学に基づき、計画のとおりに河川整備事業を推進してゆく流れが実質的に定着してしまった。「目標を立ててそれを達成させても水害は根絶することができない」という真実は、言わば棚上げされ、ひたすら安全性向上をめざす改良追求をとどこおりなく進めることが、近年の河川整備事業の実態だと考えられる。

しかしながら、根絶できない水害という真実と国交省が進める目標を達成する水害対策との間には明確な矛盾がある。改良追求ではその矛盾が決して緩和されることはなく、管理者と利害関係者の対立は、むしろより深刻になる。この不幸な現実は、単に利害関係者だけにもたらされるわけではなく、現場で河川管理を担う公務員にも、深刻な負担を生じさせている。すでに、大東水害裁判の担当者の「イヤな仕事だ」という感想を第1章で紹介したが、より深刻な現実を、ダム操作を行う業務にみておきたい。

4・3　ダムの放流操作の困難さ

ダムの現場担当者は、大雨時には放流操作のむずかしさに直面する。通行止めにできる道路管理者と違って、下流で氾濫が起こらないように放流量を止めるというわけにはゆかない。上流からの流入量がどんどん大きくなってくると、雨量の予測情報に基づいて放流操作をどう選択するか、極度の緊張に追い込まれる。ダム湖の貯水量には限界があるから、結果的に、緊急放流（ただし書き操作や異常洪水時防災操作とも呼ばれる）を決断して、流入量に等しい流量を放流せざるを得なくなる可能性がある。緊急放流をするまでに流入量が低下してくれればいいのだが、マニュアルどおり操作していても、緊急放流を判断しなくてはならない場合もある。その時にはダムが限界に達して貯留効果がなくなり、流入量がそのまま下流へ伝えられる。緊急放流によって生じる川の氾濫は、ダム操作によって防ぐことが不可能になる。

図4・1は、愛媛県肱川《ひじかわ》水系の鹿野川《かのがわ》ダムにおける2018年7月の大雨時の実績データである。降雨強度を完全に予測することはできない状況の中、7日の6時頃までは流入量の増加があっても下流流量を上げない操作が続けられたことがわかる。しかし、流入量がさらに増加して、貯水池水位を上げても放流量が急増することになり、8時には水位が限界に達した。そ

図4.1 肱川水系の鹿野川ダムにおける2018年7月7日の大雨時の貯水池水位、雨量、ダム流入量、ダム放流量の時間変化

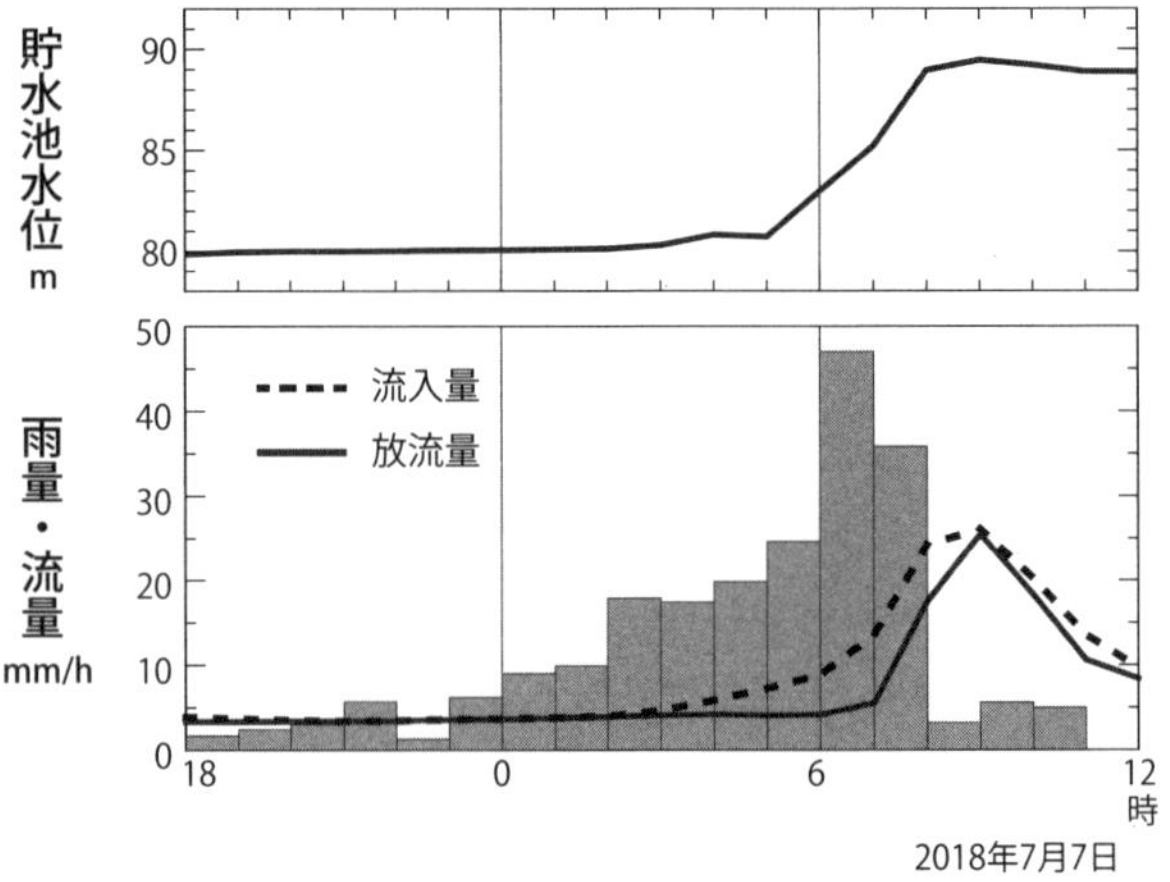

文献（2）のデータを基に著者作成
（注）流量は流域面積で割って雨量と同じ単位（水高という）で表示した

のため、流入量をそのまま放流する緊急放流に至り、放流量を流入量より低くする効果はなくなってしまった。これによって、肱川の流量は急激に増加して氾濫し、甚大な水害が発生した。

２０２３年７月現在、被害を受けて死亡した住民の遺族による管理者責任を問う裁判が進行している。その裁判では、「ダム放流を操作する際の規則が大規模な洪水に対応できるものであったかどうか」、「ダムの放流情報の周知が適切であったかどうか」が争われている。もしも、「大雨の際にはダムの緊急放流もあり得るので、その場合は水害が発生する」という真実を、日ごろから何度も何度も口を酸っぱくして下流の住民に徹底して、早い時点で避難を呼びかけていれば、人命が失われず裁判で争わなくても済んだかもしれない。そして、ダム操作がより適切であれば、水害被害はこれほどまで大きくなかったかもしれない。

しかし裁判において、河川管理者は、「管理者に瑕疵責任はなかった」と被害者に反論している。そのため、ダム操作の規則や放流情報の周知が争点になっているのだが、根本的に重大な問題はそこにはないのではないかと私は考える。

4・4　予測できない自然を人間が操作する矛盾

四国地方整備局の資料によると(3)、2003年策定の肱川の河川整備基本方針では、基準点の大洲《おおず》において、基本高水流量、計画高水流量は6300、4700㎥／sである。また、2018年7月豪雨での大洲で観測された流量は4400㎥／sであったが、上流で氾濫がなく、かつ野村・鹿野川の2ダムがなかったとした場合の「ダム戻し流量」は6200㎥／sと推定された。そこでこの値を河川整備計画の目標流量として工事を進める。未整備の現状では、大東基準に照らせば、水系全体の工事を合理的に行い、中途段階での安全性を達成しているから、河川整備事業を行う立場にとって瑕疵はないことになる。ダムの緊急放流によって水害が起こったことは誠に残念なことであり、また、ダム操作や放流警告の経過事実が被害の規模に関係していたかもしれない。しかし、近藤徹の哲学に照らすと、肱川水系全体の安全性を向上させる目的のとおりに進んでいるのだから、河川整備事業は合理的であって管理者が責任を問われるべきではないのである。これが管理者の本音であろう。

川を設計する計画においては、建設時に計画したとおりにそのインフラが機能を発揮することが暗黙の前提となっている。だが、気象学の研究が進んで線状降水帯の形成機構などが明らかになり、降雨の予測がより正確になっても、完全には予想できない以上、ダム操作や危険を知らせる業務を担う現場担当者が、計画どおりの機能を１００％果たす作業をできるということには決してならない。大雨は自然現象なのだから、予想できないものを予想してダム放流を操作するなど、誰がやっても無理がある。にもかかわらず、裁判では現場レベルの対応が妥当であったかどうかが争われる。ダム操作担当者にとってのこの過酷な業務は、根絶できない水害という真実と目標を達成する水害対策との間の矛盾から生じていると私は考える。

仮に被害者が勝訴したとしても、ダム操作の規則や放流情報の周知を改善するように要請されるだけで、困難な業務をまかされている担当者に緊張を強いる河川整備事業のあり方そのものには傷が付かない。そして、安全性を向上させる目的で行われる河川整備事業の本体は、敗訴の影響を受けず、トカゲのしっぽ切りよろしく生き残る。こういう構造があるため、裁判の結果にかかわらず、肱川水系に計画中の山《やま》鳥《と》坂《さか》ダムの建設可否は問題にならないのである。国は、裁判の判決のいかんにかかわらず、だからこそ、早期にダムを増設しなければならないという方向に突き進むことが可能になる。

結局、水害が起こっても、ダム操作の問題が被害を大きくしたとしても、河川整備事業そのものは正当化され続ける。そうだとすると、河川整備事業が水文設計を核とする水系全体の安全性向上を金科玉条とするかぎり、遺族を含む水害被害者に激しい無念の思いをもたらすのはもちろん、現場担当の公務員には不可能に近い職務を課すことになる。これは、水害対策がもつ、仕方がないとはいえない根本的な問題だと私は考えている。

4・5　河川整備事業への世論の後押し

河川改修事業においては、ダム新設でも水害発生でも、管理者と利害関係者との間に深刻な対立が起こってきた。それにもかかわらず、川を設計する公共事業は、ほぼ計画どおり進められてきた。それはなぜなのか、もう少し考えてみたい。

国の河川整備事業は、淀川委員会で展開されたような多角的な検討の結果ではなく、これを否定するかたちで進められてきた。そこには、ダム反対派や水害被害者からの追及を抑えるような、河川整備事業への世論の暗黙の支持があることを忘れてはならないだろう。水害をなくそうという素朴な後押しが事業推進には重要なのである。淀川と利根川を例に簡単にみておこう。

淀川水系においては、大戸川ダムの建設が淀川委員会の提言を受けて、２００５年に凍結された。その後、２０１４年に滋賀県知事がダムなしでの治水をめざす嘉田由紀子から三日月大造に交代したことで、２０２１年には大戸川ダム工事再開に転じることとなった。その根拠としては、ダム直下の大戸川周辺とはるか下流の淀川下流の、両方への治水効果が期待できることが挙げられている(４)。その発想は、次のとおりだと推測される。

ダムによる貯留の効果が少しでもあれば、どのような大雨でもその貯留分だけはダム下流の流量が減ることはたしかだろう。嘉田前知事が提言した地域でいのちを守る治水も大切だ。それはそれとして伸ばしたらいい。だが、税金で賄われるダム建設による効果をみすみす拒否して、水害被害を減らしたい住民の気持ちに逆らう必要はない。

ダムを重要な要素とする河川整備の推進論は、利根川における八ッ場ダムの場合でも強力であった。民主党政権の国交大臣として２００９年にダム工事の中止を宣言した前原誠司の後、同党の政権で大臣を務めた前田武志は、２０１１年にダムの建設再開を宣言した。その直後に水管理・国土保全局長を務め、後に参議院議員になった自民党の足立敏之は、のちにインタビューに答え、ダムの正当性を訴えている(５)。足立によると、ダム設置に横やりが多かった民主党から自公政権に戻り、大臣が太田昭宏になって慎重に着実に進めるように指示され、ようやく着工に至った。その結果、２０１９年の台風19号の大雨に完成が間に合い、首都圏が洪水から免れた、と。

足立は次のように民主党政権を批判している(5)。

私は国会で質問しています。野党議員に向かって「八ッ場ダムがちゃんと出来たから利根川が守られたんだ！」と、言葉は乱暴になりましたが、本当にそう思って主張しました。地元の人たちに迷惑を掛けたのに、最後は台風の豪雨に何とか間に合った。

これに対して前原誠司やその下で副大臣を務めた現滋賀県知事の三日月大造は、実のある反論ができるだろうか。民主党政権は国交省が担当する国の河川整備事業を妨害したという足立の総括に基づいて、その後の事業は進んでいる。この総括をきちんと批判することができない論理の不毛さにこそ、災害対策の根本的な問題があるのではないだろうか。

2019年の台風で八ッ場ダム試験貯水の効果が利根川下流のピーク流量の低下に効果があったことは間違いない。ダム操作がきちんとなされるかぎり、流量低下を目的としてダムが建設されたのだから、あたりまえである。しかし、ダム建設がほんとうに最適なのかどうかを決定するためには、その当然の効果を前提にしたうえで、水害を減らし、人命を守るための多角的な検討がなされなければならない。野党議員に向けられた足立の乱暴な発言は、ダムを含む国交省の河川整備計画の推進こそが水害対策であり、それに疑問をはさむことは許さないという、民主主義に反するものである。そして現実は、ダムを増やせば増やすほど良いというような足立の単純な発想のとおりに進められている。そのことこそが問題なのである。

自然災害とは異なる交通の事例を挙げてみよう。例えば、東京駅と名古屋駅間は、新幹線がなかった時代、在来線特急「こだま」で約4時間10分かかっていた。新幹線ができたので、現在、「のぞみ」で1時間35分である。リニア新幹線ができると、品川駅まで移動して地下ホームまでエスカレータを駆け降り、名古屋駅で駆け昇ったとして25分、それに品川・名古屋間の40分を足して65分くらいになる。30分くらい短くなるのだから、新幹線よりリニア新幹線がいいに決まっている。世の中はこうした単純な発想で回転している。

リニアモーターがエネルギー浪費につながるとか、捨土で山岳自然環境を破壊するとか、首都圏への人口集中が加速して過疎が進むとか、少子化・オンライン会議での旅客数減少に対してJR東海の経営は大丈夫なのかなど、リニア新幹線にまつわる問題点はいくつも指摘できる(6)。だが、こうした指摘は多角的な検討に基づく疑問点であって、現実には事業方針の決定に反映されることはほとんどない。むしろ、到達時間を少しでも短くするといった改良追求に貢献する試みが単純に歓迎される。川の場合なら、「大雨時に流量を減らすダムに反対する方がおかしい」(5)という足立の発想が支持される。

もちろん、ダムに土地を奪われる人々は断固反対するであろう。だが、江戸時代の村落共同体に存在していた、利害を共有する人々が強固な団結を保つ構造は、すでに消失している。人間は真に絶望に瀕しないかぎり、すべての生物と同様、レジリエンス（ストレスを受けた場合に回復しようとする根強い力）をもっているので、逆境に打ちのめされないように必死で打開策を求めてがんばるだろう。しかし共同体が強固であった時代とは違い、現代では逆境を乗り越える方策は個人によって微妙に異なる。あくまでダムに反対して先祖伝来の土地を守りぬこうとする人もあれば、移転補償費を得て新たな生活を始めようとする人も出てくるだろう。要するに、ダム計画によって地域生活に分断が生じてしまうのである。結局、ダムに反対をつらぬく人の数は少なくなってゆき、水害を減らす効果を多少とも享受する多数の下流の人々の無関心によって、ダムはつつがなく計画どおり建設されるのである。

ここで注目したいのは、みずからが著しい被害を受ける感覚と利益がありそうだという感覚、この相異なる感覚を、同じ個人がその時の立場によってどちらももち得ることである。被害者は激しく計画に反対し、同時に自分で何とか現状打開を試みようとするが、所詮、同じ立場の人の数は限られ、「弱者」となってしまう。一方、たとえ因果関係があいまいでも、みずからの利益になると考える人は不特定多数である。結局、後者が世論を形成して「強者」となり、被害者の救済を図る多角的な検討をかき消してしまいやすい。したがって、同じ個人が心の中にかかえる、「深刻な被害と漠然とした利益との非対称性」をはっきりと意識しておかないと、民主主義は、弱者の切なる訴えを退け、強者の意見をそのまま受け入れる、愚かで恐ろしい手段に堕落してしまうのである。その結果として、安全性向上の哲学に支えられた河川整備事業は、大きな反対にさらされずに推進されてきた。

「現在よりも良い未来を切り拓く」というビジョンには反論しにくい。けれども、現代は、環境劣化やエネルギー枯渇の問題に直面しており、次世代に向けて社会がより悪くならないように心がけることも哲学にほかならない。にもかかわらず、河川整備においては、改良追求が推し進められ、多角的な検討が押しつぶされてきた。結果的に、管理者と利害関係者との対立が固定化するばかりではなく、現場のダム操作を担当する公務員をも厳しい苦境に追い込んできた。これらの問題点は改善しなければならず、国の大きな英断が必要だとはいえ、その改善は可能だと私は考えている。

第2部では、自然に対する理解を見直すことによって、その結果を災害対策に応用する可能性を考える。そして第3部では、災害対策の望ましい姿として、改良追求よりも維持回復を優先する対策を提案する。

第2部

対立緩和に必要なのは自然を理解すること

第5章

水循環を森林の蒸発散から考える

5・1　水循環の普遍的な理解の必要性

第1部では、国交省を核とする河川管理者が実施している国の河川整備事業が、利害関係者との対立を固定化させてきた経過を説明してきた。第2部では、河川管理者と利害関係者との対立関係を緩和するためには、より普遍的な自然の理解が不可欠とみて、そのために必要な科学的知識を探る。河川整備事業の「安全性向上のための水文設計」に使われている自然認識は、現在私たちがもっている知識の一部、設計工学的な知識でしかない。また、しきい流量のひとつの値への絞り込みには、論理的に明確な無理が含まれている。これに対して水文学を含む現在の科学は、より普遍性の高い研究成果を提供しているから、この成果を管理者と利害関係者が同じ土俵で話し合うために共有することは、すでに可能になっている。

まず本章においては、流域における水の流れを含む地球の水循環について、それがどのようにして成り立っているのかを説明する。そこでは、海から始まって大気・陸を経て海に戻る水循環という「無機物である水の旅」に、生物のはたらきがかかわっていること、さらに人間活動がそのかかわりに割り込んでいることを理解してゆく。こうしてはじめて、管理者と利害関係者との間に対立緩和への道が拓けると私は考える。

なお、第2部では、水とともに流出する「土」によって起こる土砂害はもちろん、日照り期間の水資源不足につながる渇水害も対象とし、水がもたらす災害全体に対して、私たちがどのように取り組めばよいのかについて、新しい方針を得るようにしたい。

この水循環に関する説明では、地球規模、大陸規模での話をまず行い、本章の後半から第6章にかけて、日本のような山がちな島国の話につないでゆく。これによって、日本の災害の特性がみえてくると考えるからである。自然科学的な内容が多くなるが、わかりやすい記述を心がける。

図5.1 海洋・大気・陸地の水循環の概念図

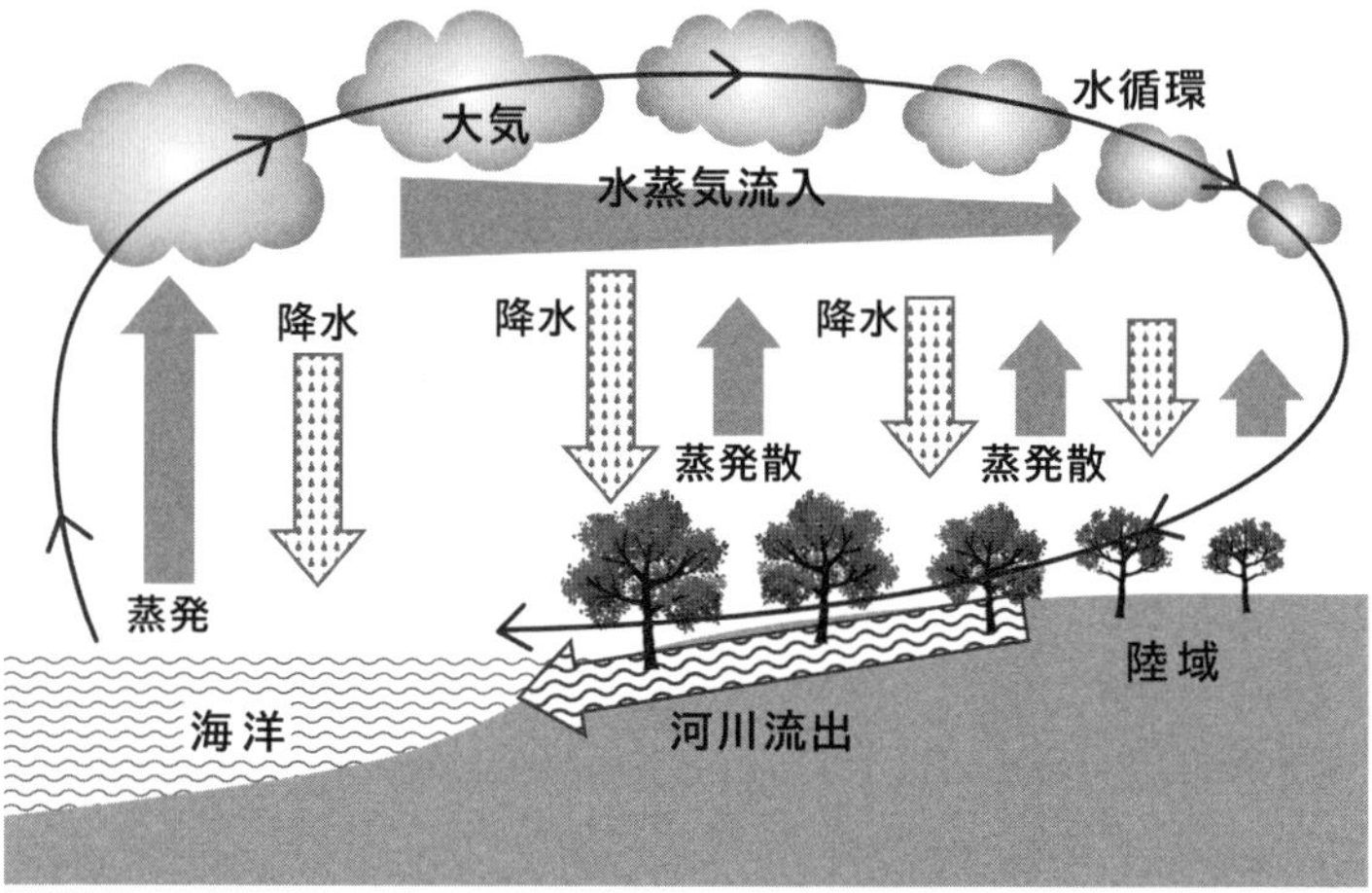

著者作成

5・2 地球の水循環と水収支

はじめに、雨や雪を含む降水が地球の水循環の途中経路であることを確認しよう。水文設計では、降水は、めったに起こらないものほど規模が大きくなる自然条件として考えられているが、実際には、人間活動の影響が降水にも及んでいる。その因果関係を考えるために、まず水循環の説明から始めたい。

地球の水循環は、図5・1に示すように、海洋の蒸発に始まり、その水蒸気が降水となって陸を通って海に戻る地球の活動である。水循環の途中経路ではどこであっても、「入ってくる水と出てゆく水の差がそこに貯留される」という関係が成り立つ。これは、お金の収入支出と貯金の収支関係と似ているため、水の循環を扱う水文学においては「水収支」と称して重視している。陸地とその上空（大気）での水収支を図5・2に示す。なお、陸面からの蒸発はふつう蒸発散と呼んでいる。なぜなら植物の光合成にともなう蒸散を含むからである。

さて、陸地の水収支は、図5・2下部（タンクの部分）からわかるように、

降水量－蒸発散量－流出量＝陸地の水貯留の増加量

という水収支式で表される。水貯留は土壌の中などに吸収されてその場にとどまる水の量を、流出量は傾斜に沿って海の方向に流れてゆく水量を意味する。

また、大気中には、地面からはるか上空まで目に見えない鉛直の柱があるとみなし、そこでの水収支を考える。大気中の水収支式は、図5・2上部（大気の部分）のとおり、

風上から空気とともに流入する水量－風下へ空気とともに流出する水量－降水量＋蒸発散量＝大気に含まれる水貯留の増加量

と書き表される。なお、大気中に流出入する水としては水蒸気が主体だが、水粒や氷粒でてき

図5.2 陸地と大気の水収支とその組み合わせ

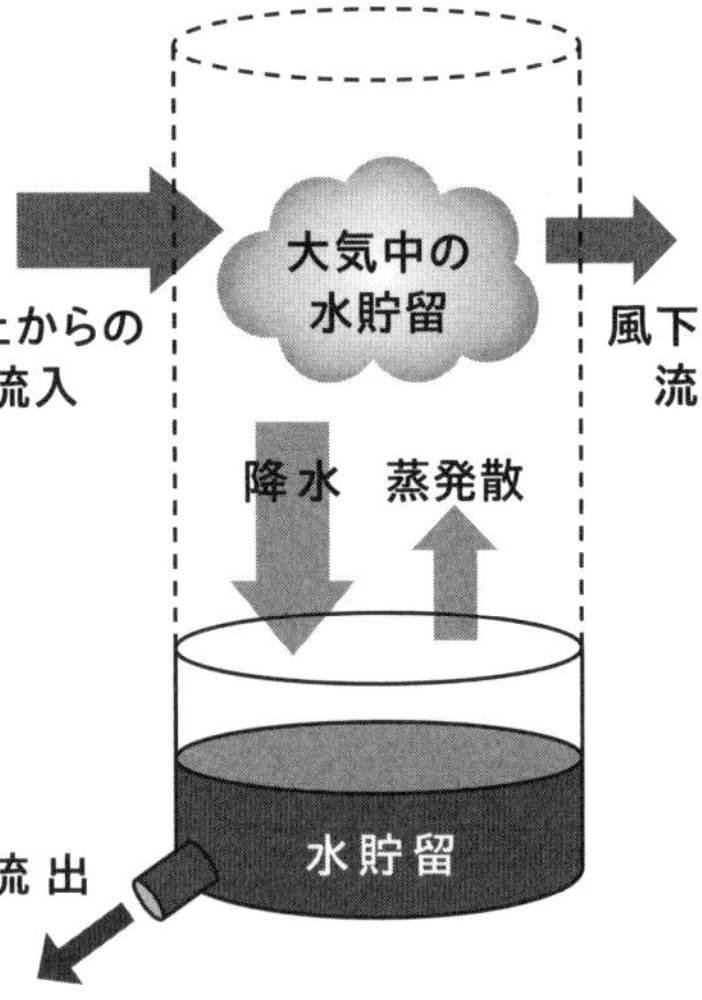

著者作成

ている雲や霧も含まれる。

陸地の水収支式においては、降水のない期間は、貯留量の減少で蒸発散と流出がまかなわれる。よって、長い期間でみると支出である蒸発散量と流出量の合計は、必ず収入である降水量よりも小さくなければならない。この結果、大気の水収支式においては、地面からの収入である蒸発散量は地面への支出である降水量よりも小さくなり、結果的に風下への水蒸気の流出量はその流入量よりも小さくなる。

さて、液体の水は重力に引かれて低い場所にたまる。地球上では、陸よりも低いところが海になっているので、水循環が起こるためには、太陽光エネルギーによって気化熱が与えられて海水が蒸発しなければならない。蒸発した水の一部は降水によって海に戻るが、海洋では陸地と反対で、降水よりも蒸発の量が大きい。そのため、上空に余った水蒸気が空気とともに陸地上空に移動して、雲となって降水のもとになるのである。しかし、陸地上空では内陸側へ出てゆく水量は海からはいってくる水量よりも小さくなるため、図5・1に模式的に表現されているように、降水は内陸に向けて一方的に減ってゆく。

もちろん、アラビア半島など、海岸近くであっても砂漠が広がっている場所も多く、熱帯と温帯にはさまれた亜熱帯地域は乾燥気候になりやすい。地球上の気候は緯度によって決まるのが基本なのだが、それに加えて、海から内陸にかけて乾燥してゆく傾向も加わる。

5・3 水のリサイクルが支える内陸の湿潤気候

まず、海面からの蒸発について調べてみよう。近年の人間活動の拡大は気候温暖化をもたらし、海面温度も高くなってきている。その結果、従来、梅雨期の大雨は、熱帯海洋で蒸発した水蒸気によって起こってきたが、近年は日本近海の水温上昇によりさらに水蒸気の供給を受けて積乱雲が発達し、以前より大きな雨量をもたらすことなどが指摘されている(1)。日本近海の水温が現在よりも低かった時代には、こうした水蒸気の追加が小さかったわけで、図5・2に示す大気の水収支において、水蒸気が風下へ流出する際の蒸発による水加入の重要性が理解できる。ただし、こうした人間活動による降水への影響は、場所によっては降水量の減少をもたらすこともあるため、さらなる気象学の研究が必要である。

蒸発と降水の関係は、陸地において、より重要な意味をもっている。陸地では海から水蒸気が供給されてはじめて降水が生じるため、奥地に向けて乾燥しやすいことはすでに指摘した。ところが、南米のアマゾン川流域、アフリカのコンゴ川流域、ユーラシア北方のシベリア、北米のカナダなどでは、海から1000キロ以上離れた場所でも降水量が多く、森林が広がっている。そのためには、大量の水蒸気が奥地まで届いていなければならず、「アマゾンには大気の川がある」とも言われている(2)。どういうメカニズムなのだろうか。

図5・1、図5・2では、降水と蒸発散が下向き上向きの矢印で表されているが、もし、この矢印の大きさがほとんど同じなら、大気の水収支式からわかるように、奥地へ送られる水蒸気は減りにくい。図5・3は、ユーラシア大陸の北方、北緯50度から70度の範囲における夏季(6－9月)と冬季(12－3月)の降水量の分布を、横軸に東経をとって表示したものである。主に大西洋で蒸発した水蒸気が偏西風に乗って東方に運ばれるので、西側地域の降水により水蒸気が消費される。そのため、東側に向かうにつれて降水量が減ってゆくはずである。しかし、図5・3によると、冬季は降水量の減少が目立つが、夏季は減り方が緩やかである。

図の下側には、3カ所で採取された降水中の水素安定同位体比の季節変化が示されている。同位体比についての詳しい説明は省略するが、やかんでお湯を沸かすと、出てゆく水蒸気の同位体比は低くなり、やかんに残された水の同位体比は高くなる。凝結の場合は反対なので、西側に位置するヨーロッパで降る降水の同位体比は高くなり、東に運ばれる水蒸気の同位体比は

図5.3 ユーラシア大陸北方（北緯50°〜70°）の夏季と冬季の4カ月降水量の東西分布（上図）および降水の水素安定同位体比の季節変化（下図）

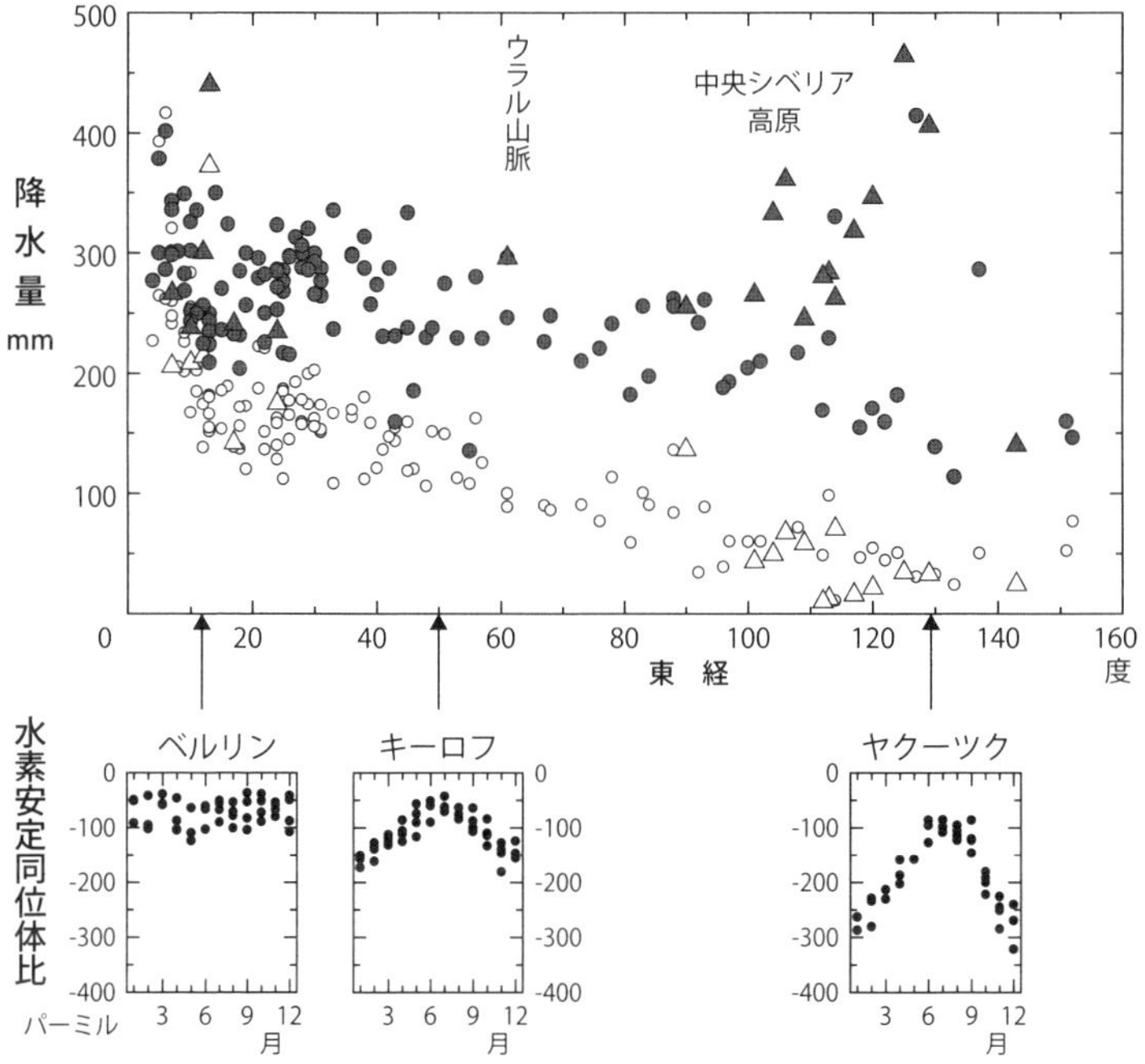

図の上部は文献（3）、下部３図は文献（4）を基に著者作成
（注）上図において、夏季（6−9月）の降水量を●、冬季（12−3月）の降水量を○で示す。
さらに標高が300m以上の地点の夏季の降水量を▲、冬季の降水量を△で示す

低くなる。その結果、東端のヤクーツクの降水に含まれる同位体比はたいへん低くなっている。ところが、夏は冬に比べて明らかに比が高い。

その理由は、夏季には植物の光合成・蒸散が盛んなため、陸地から水蒸気の多くが大気に戻ってくるためである。やかんから蒸発させた水をすべて凝結させてやかんに戻せば、結局、やかんの水の同位体比は変わらない。同じように、降水になった水のほとんどが蒸発散によって大気に戻ってくるため、風下に送られる同位体比は低くなりにくいわけである。つまり、海に近い地域の蒸発散量が大きく水のリサイクルが盛んであることが、風下の降水量を大きくする。その結果、蒸発散量の大きい夏には、東シベリアへの降水量の減少傾向が緩やかになり、同位体比が低くなりにくいのである。

なお、図5・3では、ウラル山脈や中央シベリア高原のような標高の高い場所で夏の降水量が大きくなっている。これは、そこで水蒸気が上昇して冷え、凝結しやすくなるためである。その風下側では降水量が風上側より大きく減る傾向がみられ、図5・2に示した大気の水収支の効果、つまり、降水による消費が風下側の水流出量を減らす効果がよく表れている。こうした効果は、脊梁山脈《せきりょうさんみゃく》をもつ日本列島ではより極端に表れる。つまり、冬の北西季節風でもたらされる水蒸気は、山脈の日本海側での大雪によって消費される。そして太平洋側が空っ風になるのは、冬なので蒸発散による水のリサイクルがはたらかないからである。

地球上の気候の分布に対して、このように陸地と大気の水のリサイクルが大きな影響を及ぼしていることを理解していただきたい。

5・4　少雨年にも減らないカラマツ林の蒸発散

図5・3は、こうした水のリサイクルがあっても大西洋から遠い東側は、西側に比べて夏季でも雨が少なくなることを示している。けれども、東シベリアの永久凍土地帯には、広大なカラマツ林が成立している。非常にデリケートなメカニズムがこの森林を支えていることが観測研究によってわかってきた。

森林水文学の太田岳史《たけし》をリーダーとして、東シベリアのヤクーツクに近いスパスカヤパッドのカラマツ林で観測タワーを用いた蒸発散量の観測研究が行われた(5)。図5・4に、年降水量、年蒸発散量（遮断蒸発量と蒸散量）の観測結果を示す。年降水量は大きく変動しているのに対し、年蒸発散量は変動せずほぼ一定であることがわかる。特に2001年は年降水量が約100㎜しかないのに年蒸発散量はほかの年に比べて減らず、年降水量を上回っている。図の下側には、夏季の土壌層の水分貯留量が示されているが、比較的降水の多かった2000年までは水分量が大きかったのに対して、2001年の少雨年を経て、2002年にかけて減少している。降水の変動に対して土壌水分の変動には遅れがみられるようである。

図5.4 ロシアの東シベリアにあるカラマツ林における年降水量、年遮断蒸発量、年蒸散量（上）、土壌水分貯留量（下）の観測結果

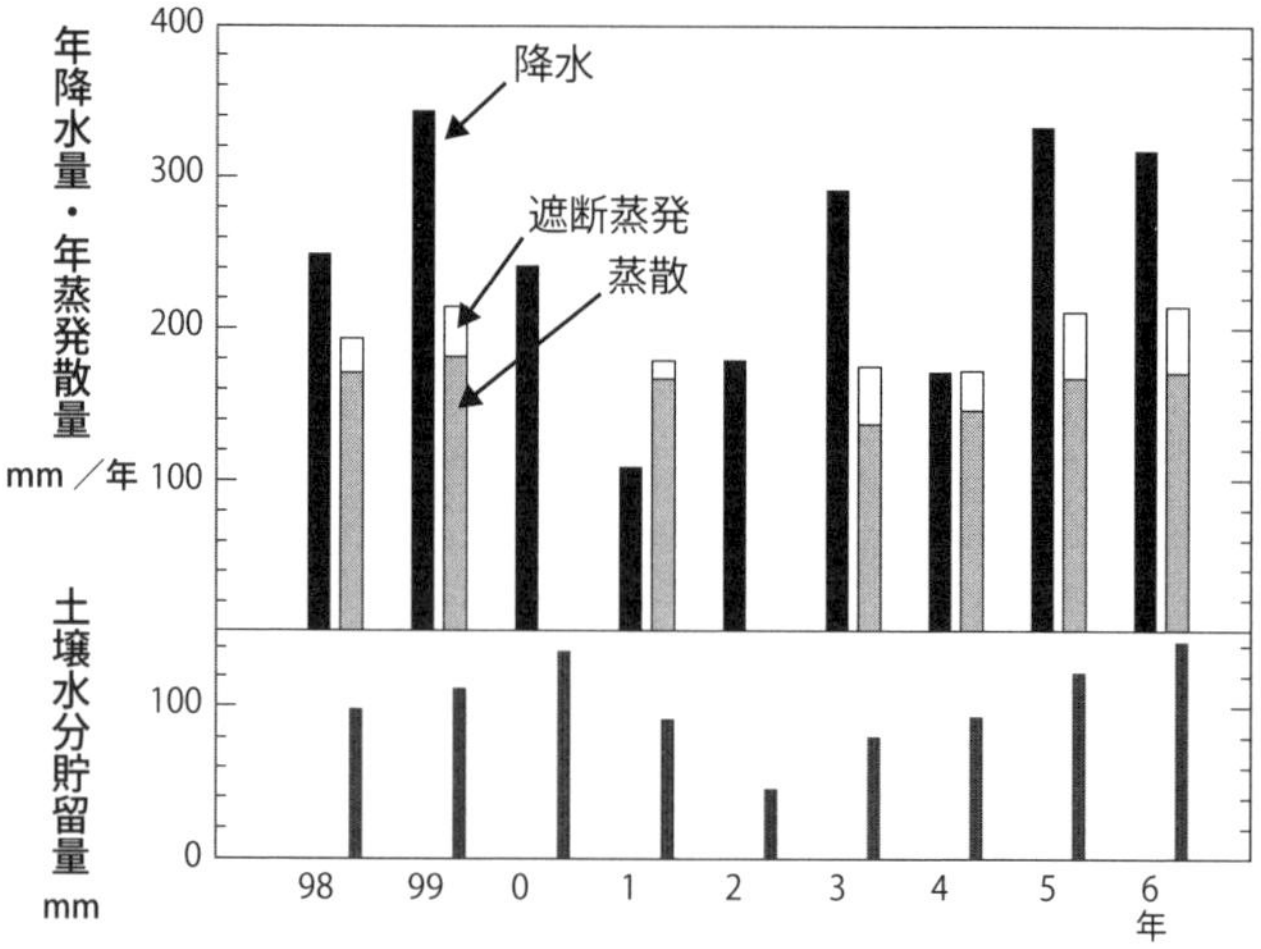

文献（5）の図より著者作成

（注）図の上部は、1998年から2006年までの前年10月～9月までの年降水量、年遮断蒸発量、年蒸散量を、下部は表面から50cm深までの土壌水分貯留量の6～8月の平均値の観測結果

では、少雨年にカラマツは、降水量よりも多い蒸発散量をどのようにまかなっているのだろうか。それを明らかにするため、カラマツ体内に含まれる水の安定同位体比を雨水や土壌水と比較することによって、水をどのように吸い上げているのかが調べられた。安定同位体比は、先に述べた水のリサイクルだけではなく、さまざまな推測に応用できるのである。調査結果によると、落葉樹のカラマツは5月末に葉を開き、地表近くで永久凍土が融けた部分の水を使って光合成と蒸散を始める。そして夏に向かうにつれ、その年に新たに降った雨水を使うようになる(6)。永久凍土とは、1万年以前の

氷河期に形成された厚い氷の層が、気候が暖かくなった現在の間氷期においても残っているものをいう。東シベリアでは、冬には地表まで土壌層が凍結するが、春に表面部分が融けるので、植物が生存できるわけである。

さて、春から夏にかけてのカラマツの蒸発散に必要な水の吸い上げ方は、少雨年には平年とようすが異なっていた。雨量が少ないため、夏の蒸散に必要な水を融解した水でまかない続けるのである。その後、雨の多い夏があると、その雨水を使って土壌水分貯留量を回復させていた。そのため、少雨年でも減らない蒸発散量、及び、降水量の増減に対して土壌水分貯留量の増減が遅れるという、図5・4に示すような観測結果が得られたわけである。

永久凍土上のカラマツ林は、このようにして、もともと降水量が少ない東シベリアにおいて、特に雨量の少ない夏が訪れても枯れずに生き続ける強いレジリエンスをもっていることがわかる。実は、樹木がこうした乾燥期間にも光合成と蒸散を減らさない性質は、地球上どこでも見られるものであることが最近の研究でわかってきた。この「森林のしぶとさ」については、5・7以降でさらに詳しく説明する。

しかし、少雨年でもカラマツが枯れずに生き続ける東シベリアの自然も、温暖化のため永久凍土が減少してきており、凍土によるサポートシステムの存続が怪しくなっている。近年の観察では、観測タワー付近のカラマツが実際に枯れ始めてきているが、原因は少雨年の乾燥ではなく、むしろ多雨の年に凹地形の部分に水たまりが生じることにあるようである(7)。さらにカラマツ林の枯れる面積が広がったり、人間による伐採が広大な面積に及んだりすれば、蒸発散が少なくなって水のリサイクルが縮小し、東シベリアの気候が乾燥化することも危惧される。

何が何をもたらしてどうなるのか、その変化がまた次の変化にどうつながるのか、因果関係はきわめて複雑であるため、将来予測は非常にむずかしい。だが、人間活動がその原因であるわけで、温室効果ガスの抑制やカラマツ林の保全を図らなければ、将来の自然環境が悪化してゆくことだけは、間違いなく予想できる。

自然はきわめて複雑なシステムから成っている。人間の影響を受けて、今後どのように変化していくのか予想しがたい。まさしく「人新世《じんしんせい》」の時代に私たちは生きている。自然の一要素である水循環のそのまた一部分である降水にも、温暖化を通じて直接、また森林消失を経由して間接的に、私たち人間の自然へのはたらきかけが影響を及ぼしている。したがって、国交省の河川砂防技術基準において想定されているような、降水を人間と無関係の前提条件として川の設計を行うことには無理が生じているといえる。

5・5 森林放火事件をきっかけとした水文観測

日本の流域を流れる水に話題を移す。第1部で述べた大雨時の水の流れに関しては、流域の地下での貯留量変動の役割が重要になるが、その問題は第6章で扱うこととし、ここでは、蒸発散が与える流量への影響について説明する。重要なキーワードは、シベリアのカラマツ林と同様、少雨期間にも蒸発散量を減らさない「森林のしぶとさ」である。

気候が湿潤な日本の中では比較的少雨である、瀬戸内海式気候における研究結果を基に話を進める。1937年以来、85年以上観測が継続されてきた森林水文試験研究の成果を活用するが、その前に研究が始まった社会的背景について、地理学の皆見《みなみ》和彦・久武哲也による岡山県での森林影響の歴史的経過に関する研究(8)に基づいて説明する。

森林の伐採や成長などの植生変化が川の流量にどのように影響を及ぼすのかは、科学的研究が行われていなかった時代でも、人々にとって重要な関心事であった。特に、水田の用水が日照りによって不足することは、農民にとっては死活問題となる。ため池を用水とするこの地域では、古来深刻な社会問題が起こっていた。ここでは、大正以降の農民と森林管理当局との対立について記す。

岡山県では、大正年間に水源山地の森林を焼く放火事件が多数発生した。森林があるとため池に水がたまらないとされたためであり、岡山気象台での降水量が692㎜と極端に少雨であった1924年には、放火の数が400件以上に上った。そのため、1915年から37年の間、この森林と用水の問題が何回も県議会で議論された。この地域の農民にとって、岡山県技師の山本徳三郎の「森林水源枯渇論」は、彼らの主張における大きな理論上の支えとなっていた(9)。

これに対し、岡山県当局は県議会で次のように反論した。農民がため池に水をためるために森林伐採を要求しながら、ため池に土砂がたまらないようにはげ山緑化を要求する主張には矛盾がある、と。そして、土砂と同様に水に関しても、森林が人間に有利な効果を発揮するという「水源涵養機能」を重視する説を展開した。しかし問題の決着はつかなかったので、県は国の林業試験場嘱託で気象学の専門家であった平田徳太郎に、森林の水源涵養機能の科学的論拠を求めた。こうして、森林科学関係者の間で今も語り草となっている「平田・山本論争」が繰り広げられたのである。

ところで、県会議員の土屋源市の質問に対する県山林課長の久郷《くごう》梅松の答弁によると、森林水源枯渇論の論拠として、森林が成育のために消費する水量が多量であることと、樹冠が降雨を遮断する量が多いことが挙げられている(8)。前者は光合成にともなう蒸散を、後者は樹冠(木の葉や枝の集まっている部分)における遮断蒸発(葉や枝に付着した雨水の蒸発)を意味している。それゆえ、この答弁から、林学を学んでいた山本が森林の蒸発散に関する科学的に正しい知識をもっていたことが推測できる。また、彼は県技師の立場であったにもかかわらず、水源枯渇論の持論を譲ることなく県当局の水源涵養機能の主張を批判した。この事実は、山本が、農民に奉仕すべきだという公務員としての強い信念をもっていたことを明確に示すものである(9)。

こうした森林の渇水への影響問題の重要性にかんがみ、また平田・山本論争に決着をつけるため、農林省山林局（現在の林野庁）は、岡山市郊外の里山で雨量流量の科学的な観測を行うことにし、傘下の林業試験場（1988年に森林総合研究所［以下、森林総研］に改組された）に研究を指示した。これが、1937年に開始され、2023年現在も森林総研関西支所によって続けられている、竜ノ口山《たつのくちやま》森林理水試験地における水文観測研究の発端なのである。

5・6　今も続けられる竜ノ口山試験地での水文観測

竜ノ口山森林理水試験地は、隣り合う20ha程度の大きさのふたつの試験流域（北谷と南谷）から成っている。ここに、高い精度で流量を測定できる量水堰《りょうすいぜき》が設置され、水文観測が開始された(10)。当初の計画では、北谷を基準流域として南谷の植生を変化させ、南谷の流量が植生変化のない北谷に比べてどう変わるのかを比較することとなっていた。このような森林水文試験の方法を「対照流域法」と呼んでいる。これによって、国や県は、平田が主張している森林水源涵養機能が実証されることを期待したわけである。

以下に、植生の変化と研究の成果を示してゆこう(11)。

当試験地周辺の花崗岩山地ははげ山になっていたところが多いが、この流域の地質は古生層が主体であるため、流域全体がアカマツ天然林でおおわれていた。ところが、1944年頃に両流域全体に虫害(マツノザイセンチュウによる松くい虫被害と推定されるが、当時は原因がわかっていなかった)が広がって、アカマツ林は枯れてしまった。そのため、両流域とも伐採せざるを得なくなり、対照流域法は早くも頓挫した。

しばらく放置された後、南谷に1955~1957年にヒノキが植栽され、北谷との流量比較が続けられた。しかし、ササが繁茂してヒノキの幼樹をおおってしまったため枯殺剤を撒いたところ、1959年9月に山火事が発生して南谷流域がほぼ全焼した。枯れ草でおおわれていたので、火勢が強かったようだ。

直後の1960年に南谷全域にクロマツが植栽されて順調に成長したが、今度は松くい虫の被害を受け、1980年頃にほぼ全滅した。その後は放置され、マツに被圧されていた樹木が成長し、2000年頃にはクスノキやシラカシなどの常緑樹に落葉樹の混じった広葉樹林が成立した。

一方北谷は、アカマツ林が伐採されて以降放置されてきたが、落葉樹のコナラを主とし、ヒサカキやソヨゴなどの常緑樹を交える広葉樹林が成長し、1959年に南谷で起こった山火事が延焼することもなかった。このように1947年以来樹木が順調に成長したため、当初の計画どおりにはならなかったが、北谷は、対照流域法の基準流域としての役割を果たすこととなった。その長期の観測結果の重要なポイントを次節に紹介する。

5・7 森林損失による年間の水収支の変化

竜ノ口山試験地での長期にわたる水文観測によって、平田・山本論争は、果たしてどのように判定されたのであろうか。森林総研は、日雨量と日流量の観測結果を、森林理水試験地データベースとして公開している(12)。また、私は、林業試験場関西支場に1981年から88年まで勤務していたので、その時に得たデータなども使い、解析結果を紹介する。

まず、1年単位で降雨が蒸発散と流出とにどのように配分されたのかをみてみよう。5・2で示した陸地の水収支の式を、試験地流域に適用し、移項すると、

蒸発散量＝降水量－流出量－流域での水貯留の増加量

となる。ここで、年損失量を年降水量から年流出量を引いた値と定義する。そうすると、蒸発散量の年間総量（年蒸発散量）は、次の年間の水収支式で表されることになる。

年蒸発散量＝年損失量－（流域の貯留量の年末の値－年始の値）

図5.5 竜ノ口山南谷の年損失量の北谷の年損失量との比較

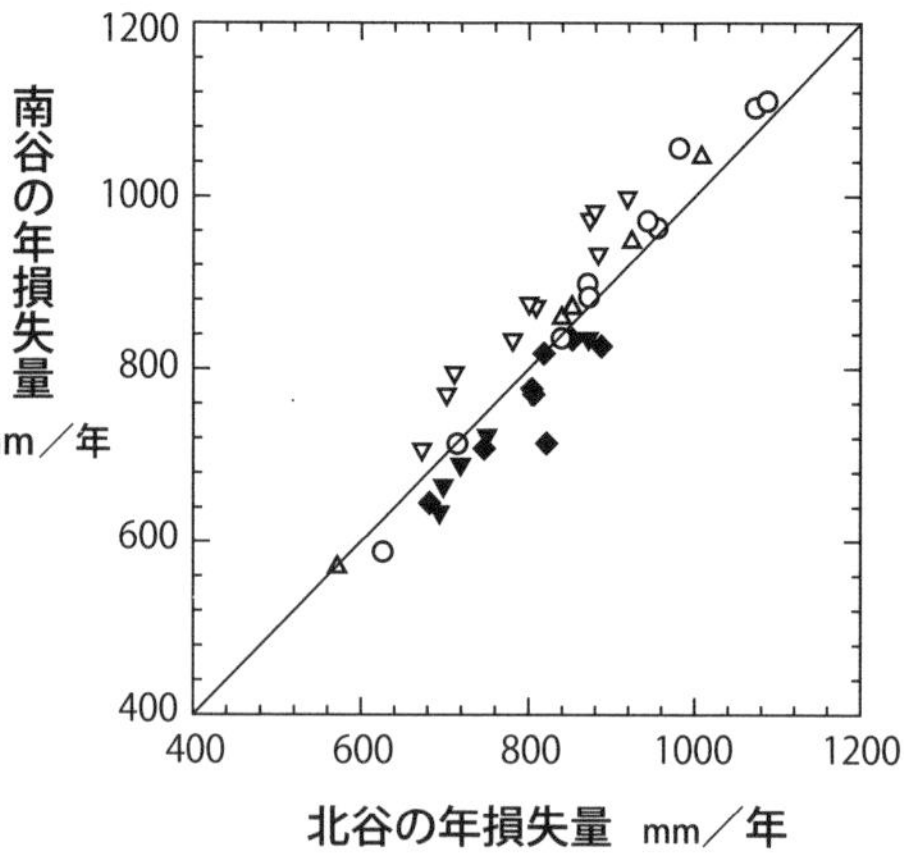

文献（12）を用いて著者作成
（注）記号は本文参照

この式の意味はややわかりにくいのでていねいに説明したい。貯留量は、季節が巡って1年経つと年始の値に戻ると仮定すれば、1年間での貯留増加量はゼロになるので、年蒸発散量は、年降水量と年流出量の差で求められる「年損失量」に等しい。水文観測によって得られるデータは、降水量と流出量のみであるため、年蒸発散量は年損失量から推定することしかできないのである。

実際には、年蒸発散量は年損失量と

異なるのであるが、この問題については次節に先送りすることとして、とりあえず、年損失量の値を年蒸発散量の近似値とみなして、北谷と南谷とで比べてみよう(12)。

図5・5は、対照流域法を適用して、南谷の年損失量を北谷と比較したものである。南谷の植生変化の水収支への影響をみるため、次の期間の値を記号で区別した。

(A)△ 両谷ともにアカマツ林でおおわれていた期間：1937-1942年
(B)◆ 南谷が山火事により植生を失い、森林におおわれていなかった期間：1960-1967年
(C)▽ 南谷が若いクロマツ林でおおわれていた期間：1970-1979年
(D)▼ 南谷が松くい虫によりクロマツ林を失い、森林におおわれていなかった期間：1980-1985年
(E)○ 両谷ともに常緑と落葉の混じった広葉樹林でおおわれていた期間：1996-2005年

図から、南谷が森林でおおわれていた期間(A、C、E)は、南谷の損失量が北谷よりも大きいのに、森林を失っていた期間(B、D)は、南谷の損失量が減少して北谷よりも小さくな

っている。南谷において、森林のあった期間はなかった期間と比べて、年蒸発散量が大きく年流出量が小さい傾向が指摘できる。

現在では、このような森林の有無の年蒸発散量と年流出量への影響は、水文学の常識となっている。その根拠としてはまず遮断蒸発量の差が大きいことが重要である。

ここで、森林など生態系の蒸発散の基本的性質について解説しておきたい。

生態系からの蒸発散は、遮断蒸発と蒸散に分かれる。ほかに土壌表面からも蒸発するが、温暖湿潤な日本の森林では日射量のほとんどが樹冠で遮られるので、その量は多くない。主要成分のひとつである蒸散は、葉の気孔から二酸化炭素を取り入れて植物が行う光合成にともなって、根から吸い上げた水を蒸発させるものをいう。植物はみずから有機物を光合成によって作り出す能力をもっており、光合成生産と蒸散による水消費のバランスをとることは、植物にとって最も重要な生理学的調節なのである。特に日照り期間の水ストレスに耐えて生き続けるためには、気孔の開閉を巧妙に調節しなければならない。例えば、晴れた日の午後は午前よりも大気が乾くため、気孔を閉じぎみにして水消費を抑制する性質などが知られている。

光合成にともなう蒸散は、作物や雑草の速やかな成長をみて想像できるように、草が樹木に比べ小さいということはない。一方、もうひとつの主要成分である遮断蒸発は、樹冠に付着した雨水の蒸発なので、蒸散と違って植物は主体的に調節できない。森林は樹木を主体とする生態系であり、背が高く、樹冠のでこぼこが大きいので、草地よりも大気を上下にかきまぜやすい。そのため物理学的なかたちの違いによって、森林は草地よりも遮断蒸発量が大きくなる。結局、森林と草地とでは、蒸散量の差ではなく、遮断蒸発量の差によって、草地が森林よりも蒸発散の総量が小さくなる。言い換えれば、森林は草地に比べて地面に落ちる林内雨量そのものが少なく、土壌内に浸透する雨水量が小さいことになる。だから、雨量が少ない乾燥した気候では、サバンナのように樹木がまばらに生えるのでないかぎり、土壌に雨水が供給されなくなってしまう。森林は乾燥気候に適応できない生態系なのである。

5・8 日照りの年にも減らない森林の蒸発散量

森林の蒸散は草地よりも必ずしも多いわけではないと述べた。だが、シベリアのカラマツ林での観測結果を示す図5・4は、少雨期間でも蒸散量を減らさない森林の特徴を示していた。この「しぶとさ」は、竜ノ口山でも同じように見られるので、以下に説明しよう。

竜ノ口山試験地の年平均降水量は1220㎜程度であるが、少雨年には1000㎜を下回る。1939年は、試験地開設以来、現在に至るまでの最小を記録した年で、年降水量は622㎜であった。南谷の流出量は完全に涸《か》れる期間はなかったのだが、なんと1年間合計しても52㎜しかなかった。年損失量は差し引き570㎜となる。この貴重な超乾燥年の水文記録

図5.6 少雨の1939年における流域年水収支

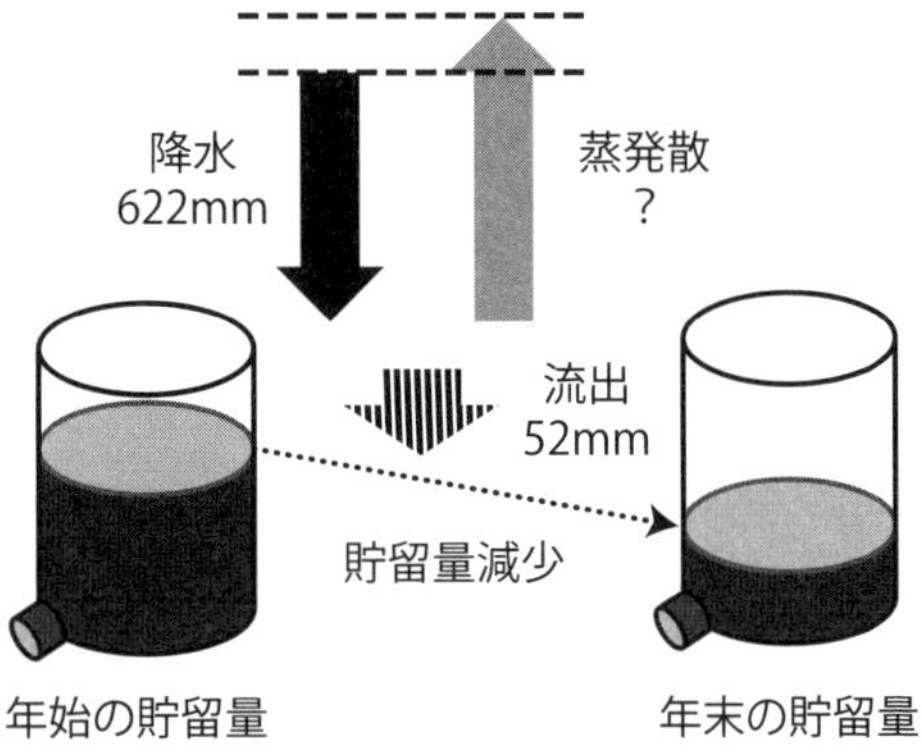

著者作成

を用いて、樹木の生き方の特徴を考えてみたい。

この年を含む期間（A）1937－1942年の年損失量の平均値は861㎜である。それゆえ、1939年は平年の蒸発散量よりもはるかに少ない降水量だったことになる。年損失量は、年降水量から年流出量を引いて求めるのだから、年降水量よりも大きい値にはなることができない。しかし、シベリアのカラマツ林と同じように、アカマツ林が前年までに降った水を使って蒸発散を行っていたとすれば、陸地の水収支式からみて、年蒸発散量は年損失量や年降水量より大きくなる可能性がある。

図5・6は、この少雨年の流域の水収支について、貯留をタンクの水深で表現した説明図である。先に示した年間の水収支式から、

流域の貯留量の年末の値－年始の値＝年降水量－年蒸発散量－年流出量

となるが、年蒸発散量は不明である。７００㎜であったと仮定すると、年降水量の観測値６２２㎜に比べて78㎜多いので、その年に降った雨水では年蒸発散量がまかないきれない。加えて年流出量52㎜が流域から川へ出てゆくので、先の式の流域の貯留量の年末の値－年始の値は－78－52＝－130となり、年末の流域貯留量は年始よりも１３０㎜減少することになる。この計算は年蒸発散量を仮定したものであるから実際にはどうであったのか、期間（Ａ）の流域水収支を図５・７に示し、検討してみよう。

図5.7 南谷の期間（A）における流域水収支（上図）と年末の基底流量（下図）

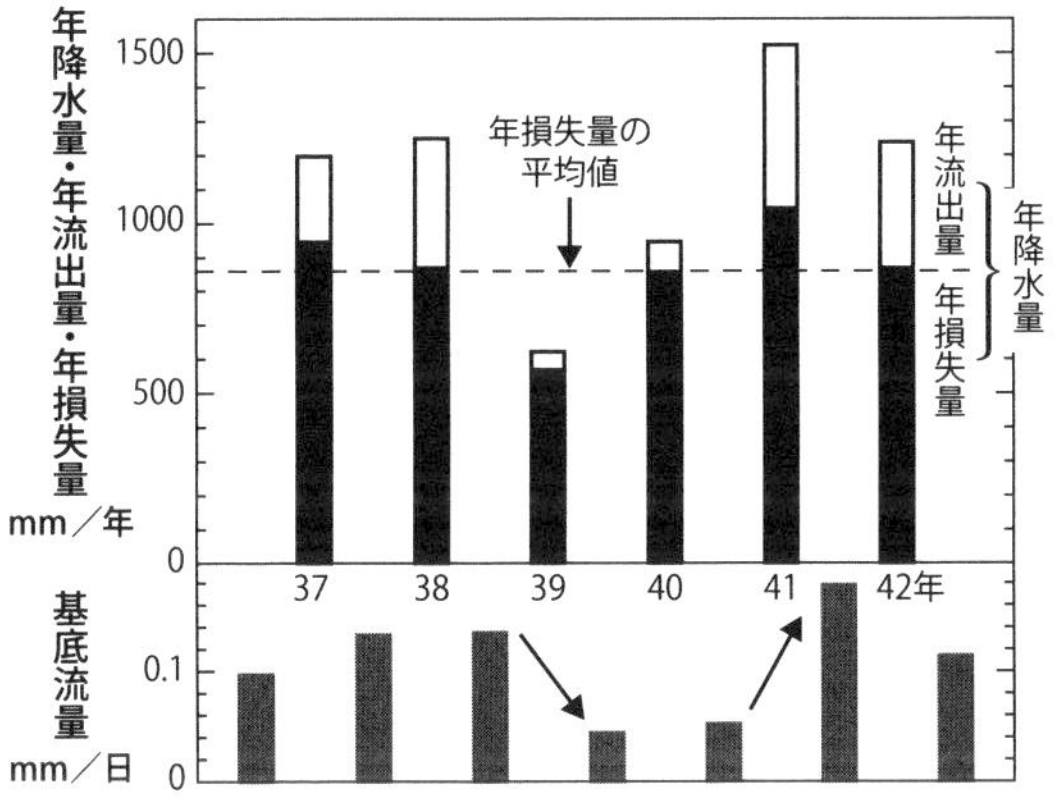

文献（12）を用いて著者作成

　図５・７上部の棒グラフの全体は年降水量を、白色部分が年流出量、黒色部分が年損失量を示す。この期間の年損失量の平均値は破線で示した。下部は、年末12月31日前後の雨のない日の基底流量である。流域貯留量は観測することが不可能だが、流域貯留量の大小関係は、基底流量の大小関係で近似できるとみてよい。

１９３７、38年は年降水量が平均的な値

であり、年損失量も平均に近く、年末の基底流量も似たような値なので、年始と年末の貯留量の差は小さかっただろう。ところが、極端な少雨年だった１９３９年の年末基底流量は年始よりかなり低くなっている。１９４０年も年降水量が９４６㎜しかない少雨年であったため、基底流量は低いままである。ところが、１９４１年は年降水量が１５２３㎜と多雨年であり、その年末の基底流量は年始より目立って高くなっている。１９４２年は年降水量も年損失量も平均的である。

年損失量の値をみると、少雨の１９３９年に５７０㎜、多雨の１９４１年に１０４６㎜と大きな差があるが、そのほかの年はほぼ平均的な値になっている。この結果は、少雨年には貯留量を減らして蒸発散と流出をまかない、多雨年には貯蓄量減少分を増加回復させるという、蒸発散と貯留量の関係があることを強く示唆している。

以上から、１９３９年のような極端な年でなくても、少雨年には、土壌に貯留されている水を蒸散させることで、年損失量に比べて年蒸発散量が大きくなると推測される。土壌が乾燥しても、光合成と蒸散を減らさずに維持する樹木のしぶとさが指摘できよう。図５・７に見られる基底流量の経年変化が降水量よりも遅れる傾向は、図５・４で示したシベリアのカラマツ林の土壌水分量の経年変化が降水量よりも遅れる傾向と非常によく似ている。少雨年があっても以前に降った雨水が土壌に貯留されていて、その水を使うことで蒸散量を減らさない、この性質が日本、シベリアの森林で同じようにみられるのである。

この傾向は、森林の主体である樹木の共通した性質を反映したものとみなすことができる。つまり、樹木は短くてもふつう数十年以上寿命を保つが、もし、生存期間内に何度も現れる少雨の期間に光合成ができなければ枯れてしまう。乾燥に負けずにしぶとく生き続けるからこそ、草などに取って代わられずに地面をおおっていられるわけである。森林の蒸散量は草地よりも大きいとは限らないが、日照りが続いた場合には、草地が蒸散量を減らす（極端な場合は地上部が枯れて、地下の根だけが残る）のとは異なり、森林は蒸散量を減らさない特徴があると結論づけられる。

ところで、多雨の1941年の年損失量が1046㎜で、平均的な年の年蒸発散量の推定値861㎜よりも185㎜も大きいことにも注目したい。これは、雨水の多くが土壌に吸収され、川に流れてこないことを意味している。日照りの期間に土壌内の貯留水量が減ってしまうため、その後にせっかく「干天《かんてん》の慈雨《じう》」があっても流出量は通常より少なく、期待したようにはため池に水がたまってくれないのである。

5・9　明らかになった森林放火の効果

森林におおわれている期間は、森林がない期間よりも年蒸発散量が大きく、年流出量が小さ

図5.8 南谷のクロマツがマツクイムシで枯れる前後における基底流量の北谷との比較

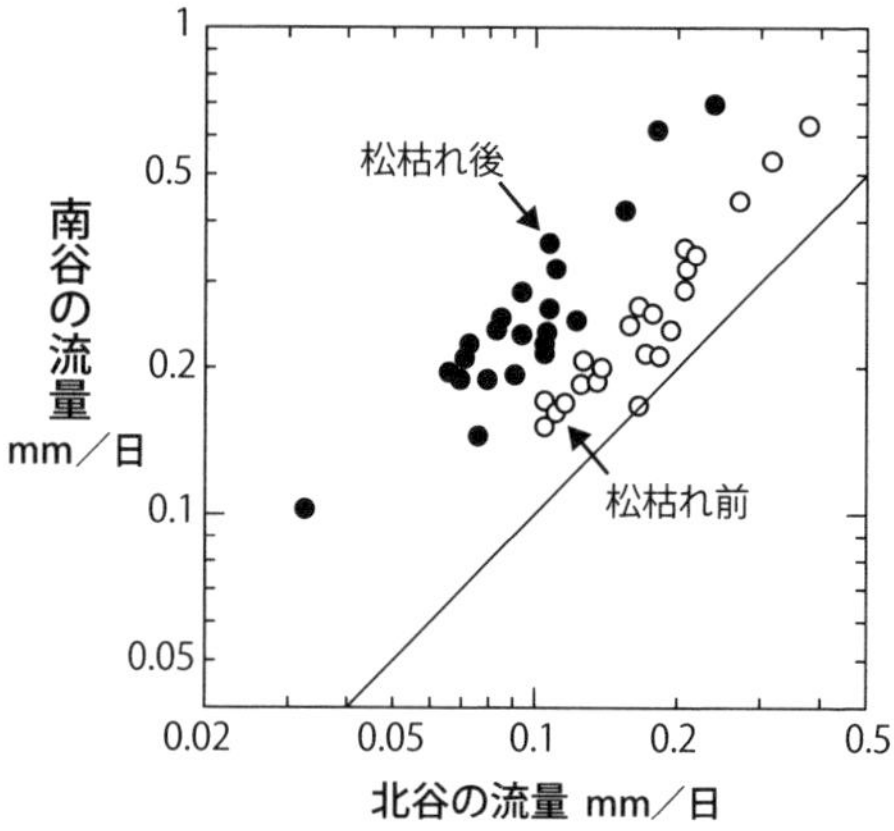

文献（13）の図を一部改変
（注）直線は北谷と南谷の値が相等しい場合を示す

いことがわかった。では、実際に、森林のある場合とない場合では、雨のない期間に川を流れる基底流量がどのように異なるのか、観測結果を紹介しておこう(13)。

南谷は、すでに述べたように、1960年に植栽された若いクロマツ林が1980年にマツクイムシの被害を受けて枯れてしまった。図5・8は、松枯れ前の1975、1976年と松枯れ後の1981、1982年の6月から11月の夏から秋にかけてのデータを用い、植生変化のなかった北谷を基準に松枯れによる基底流量の変化を示したものである。

松枯れ前後とも南谷の方が北谷よりも流量が大きいが、これは南谷流域の土壌層が北谷よりも厚い特徴が表れたものである。こうした両流域の流出機構の差はあっても、南谷の松枯れによる蒸発散量の減少は基底流量の増加をはっきりともたらしている。そして、両対数グラフで示されているので（平行な45度の直線でプロットされるデータは一定の比率で変化したことを表す）、基底流量の値にかかわらず、南谷の基底流量は約1・8倍に増加したことがわかる。以上の結果から、森林がなくなることによって、いつでもほぼ同じ割合で基底流量が大きくなることが明らかとなった。

先に、1920年頃水源林の放火事件が多発したことを述べた。一見乱暴な行為をあえて実行するには、当時の農民に「水田に必要なため池を満たすには森林をなくすしかない」というはっきりした経験的知識があったことを推測させる。実際、竜ノ口山での研究結果から、極端な少雨年の1939年にもしもアカマツ林がなかったならば、図5・8の結果から年流出量が1・8倍大きかったと考えて、南谷の年流出量52㎜は40㎜以上大きくなるはずである。岡山県のような少雨地帯では、森林を失うことによるため池用水の増加効果は決して小さくはないのである。こうした極端な日照りの時期のため池をながめて、岡山県の農民が「森林がなかったら、少しは貯まったのに」と落胆したであろうこと、これは想像するに難くない。

以上をまとめると、林野庁を担当部局とする国は、竜ノ口山での水文試験を80年以上にわたって継続することによって、当初の研究目的の期待とは異なるとはいえ、この研究が開始される前からの農民と山本徳三郎の見解が完全に正しかったことを科学的に実証し、平田・山本論争に対して明確な決着をつけたと結論づけられる。

5・10 森林の蒸発散を通じた水資源への影響

本章では、地球水循環の途中にある降水と蒸発散の関係について検討してきた。陸地の降水のもとは海洋の蒸発である。だが、大陸奥地の降水量の大小は、海洋に近い風上地域の蒸発散による水のリサイクルの影響を受ける。したがって、人間活動によって生じた温暖化による海面温度の上昇を通じて、また、海岸近くの森林破壊にともなう水のリサイクルの低下を通じて、降水量に大きな影響が及ぶ可能性がある。これらは、水害対策や水資源確保において決して無視できない。

さて、海面水温の上昇によって大雨の規模が大きくなることは、現在では、広く認識されている(1)。これに反し、植物の蒸発散の影響は軽視されてきたように感じられる。だが、人間による森林破壊など生態系の改変は、植物の蒸発散の変化を通じて、水資源の確保にとって深刻な影響を及ぼす。本章で指摘したように、乾燥期間において蒸発散を減らさずに成長を続ける樹木の「しぶとい」生き方は、特に重視しなければならないのである。

そもそも樹木の蒸散が日照り期間でも減りにくい理由については、樹木が100年程度の期間成長を続ける「長生き」という生存戦略を、進化の過程で獲得したためであると、私は考えている。一生の間に何度も訪れる少雨期間の水ストレスに耐えられるよう、地表に比べて乾きにくい土壌深部に根の一部を伸ばしている。この強いレジリエンスの特徴は、シベリアの北方林や瀬戸内の温帯林以外に、森林水文学の小杉緑子《よしこ》のグループによって、マレーシアの熱帯雨林においても確認されている(14)。それゆえ、水ストレスに強いしぶとい生き方は気候の違いを超えて、地球全体での森林の普遍的な傾向であることが明らかである。

以上の結果から、降水が風上の蒸発散による水のリサイクルに依存する大陸では、森林から草地への変化は奥地の降水を減少させることになる。もし、森林が消失して水のリサイクルが縮小し、湿潤気候から乾燥気候に移行してしまえば、湿潤な気候に適応した森林は、再びよみがえることができなくなる。大陸の湿潤気候と森林とは持ちつ持たれつの関係にあるといえよう。一方、海洋で蒸発した水蒸気によって直接降水がもたらされる日本のような島では、森林を伐採すれば乾燥期間における蒸散が減って基底流量を増やすことにつながる。また、森林は草地よりも遮断蒸発量が大きいので、森林から草地への植生転換は、洪水流量を含む全流量を増やすことになる。したがって、森林の蒸発散量が大きい性質は、大陸では降水量を増やすことに、島国では流量を減らすことにつながる。

ところで、熱帯に位置するボルネオ島では、大陸ではないにもかかわらず、水のリサイクルが雨量に影響を及ぼすという興味深い研究結果が、最近、森林生物地球科学の熊谷朝臣《くまがいともおみ》を中心とする研究によって得られている(15)。ここでは、昼間は海風、夜間は陸風という一日周期の風向の変化によって、海岸近くと内陸とでは、一日のうち雨量の多くなる時刻が異なる傾向がある。そして、内陸の雨量のもとになる水蒸気は、海岸近くの蒸発散量を資源とする水のリサイクルによって供給される。そのため、森林伐採の影響を調べるシミュレーションを行うと、この水のリサイクルシステムが変化して、雨量が減少することになる。

先に、森林と水循環の関係を大陸と島国に区別して整理したが、森林のしぶとさは生物としての樹木の生存戦略に基づくので、普遍性がある。とはいえ、ボルネオ島での研究結果は、必ずしも軽々には予想できない地理的条件に基づく複雑さがあることをも示している。つまり、人間が森林を管理することには、よほどの慎重さが必要だという点を、ここで付け加えておきたい。

最後に私が特に強調したいのは、岡山県の農民が放火までして水田用水を確保しようとした経験に基づく確固たる知識を、国や県が容易に認めようとしなかったことである。その結果、森林がある方がない場合よりも川の流量が増えるかのような間違った認識を国民に与え続けてきた林野庁の社会的な責任は大きいと私は考えている。なお、この森林の水に関する機能を森林管理にどう活かすべきかについては、第7章で再び検討する。

以上のように、植生変化にともなう蒸発散量の変化は水資源に大きな影響を及ぼすことがわかった。次章では、水収支におけるもうひとつの項である貯留量の増減が水害や土砂害に及ぼす影響について、詳しく検討することにしたい。

第6章　緑のダムを再評価する

6・1　流路システムに基づく水文設計の問題点

前章で説明した森林や草地などの生態系が水循環に及ぼす効果は、いずれも、水収支式における降水と蒸発散と流出の関係から生み出された。だが、水収支式には貯留量増加の項があり、本章では、主にこの項の役割について検討する。特に、大雨時におけるピーク流量の低下には土壌層の貯留量変動の役割が重要であることを明らかにしてゆく。

まず、第1部で説明した、水害対策を目的とした現行の河川整備事業で考えられている流出のメカニズムを、図6・1にまとめておきたい。ここでは、図の(a)のような実際の水源流域を、図(b)と(c)のような雨水を集めて流す斜面と河道という2種類の流路としてイメージしている。斜面での流れは、地表面流、土壌層内の地中流、風化基岩内の地下水流に分かれ、深いものほど流れの速さが遅くなる傾向がある。その結果、斜面から河道に流入する流量は、雨によって急増急減する洪水流量と、雨が降らない期間に流れる時間変化の小さい基底流量に分かれる。

　河川整備計画における水文設計では、このような流路システムをイメージしたうえで、設計降雨条件から流量を求めるため、次のような「流出モデル」に基づいた計算を行う。

図6.1 水源流域の一例(a)及び斜面(b)と河道(c)から成る流路システム

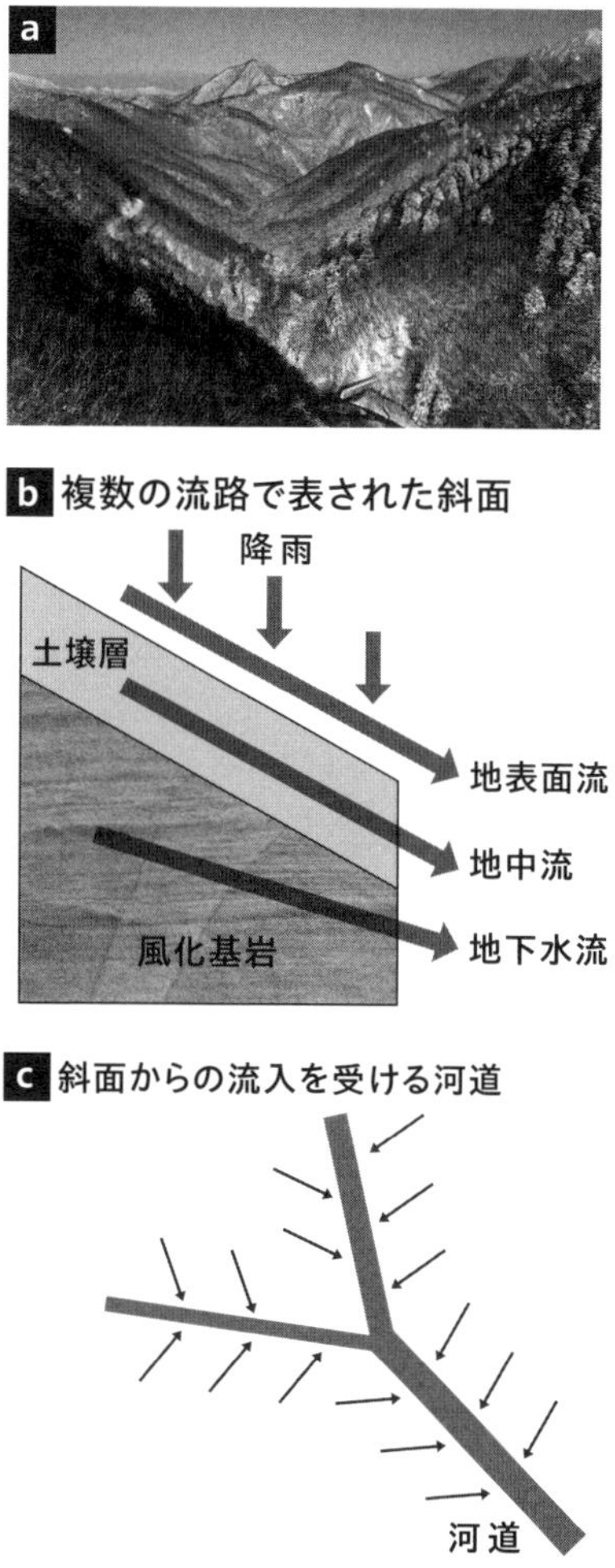

著者作成。(a)の場所は、志賀高原

降雨は、第3章で説明したように、過去のデータを基に年超過確率の考え方に基づいて与えられる。流出モデルにとって重要なのは、降雨の時間変化を基に河道を流れる流量の時間変化をうまくシミュレートできる能力である。そのためには、図6・1のような山地流域における水の複雑な流れを計算しなくても、図3・2下部（102ページ参照）に示したような簡単なタンクをイメージした貯留関数法を使えば、十分その役割を果たすことができる。

以上が、国交省で進められてきた水文設計の概要であるが、ここでいくつかの問題が指摘できる。水文設計では、降雨条件を単純に自然条件として扱っているが、降雨は人間活動の拡大による温暖化の影響を受けた結果でもあると考えるべきである。また、河道は流路とみなせるとしても、斜面の流れを図6・1(b)のような3種類の流れを組み合わせて表現するのは、現実の複雑な地形や地下構造からみて単純すぎる。まして、図3・2のタンクで表された貯留関数法のイメージは、図6・1(a)の水源流域の現実とはかけ離れている。

加えて、これまでの流出モデルにおいては、「流量の観測値に合うようにパラメータの値を決める」手法が用いられてきた。だとすると、水文設計では、流量が中身のよくわからないブラックボックスを通して計算されていることになる。流量は本来、降雨条件だけで決まるのではなく、土地利用などの流域条件の影響を受けた結果であるはずなのに、これがまったく評価できない。

以上のように、水文設計では、極端に単純化して流量の計算を行うため、流域条件が流量に及ぼす影響を無視している。縦割り行政組織の中で、河川管理者は河川法に基づき川だけを管理する義務を負っているので、降雨に対する人間活動の影響や流域条件の影響については対応しようがないのだろう。だが、国民の福祉に奉仕すべき国には、これら両方の影響を考慮する責任がある。そこで本章ではこの責任を問うために必要な重要要素である「山地流域の洪水流量に及ぼす影響」に関して、最新の水文学の研究成果を紹介したい。

結果を先に述べれば、水文設計で多用されてきた貯留関数法の物理的根拠は、実は「緑のダム」と呼ばれる森林土壌の洪水流量緩和効果に求められる。

6・2　はげ山の斜面で雨水はどう流れるか

図6・2に示すような花崗岩のはげ山は、人間の森林利用によって植生と土壌がともに失われた山である。まず、写真のような土壌層がないはげ山の洪水流量の流出メカニズムについて考えてみる。森林と土壌でおおわれた山より、流出を生み出すメカニズムがシンプルだと予想されるからである。

はげ山では、岩盤風化によって生まれた土粒子は有機物を含む土壌層になることはなく、毎年侵食される。その量は、斜面全体の面積に約1㎝の厚さを掛けたほどの莫大な量になること

図6.2 滋賀県田上山のはげ山

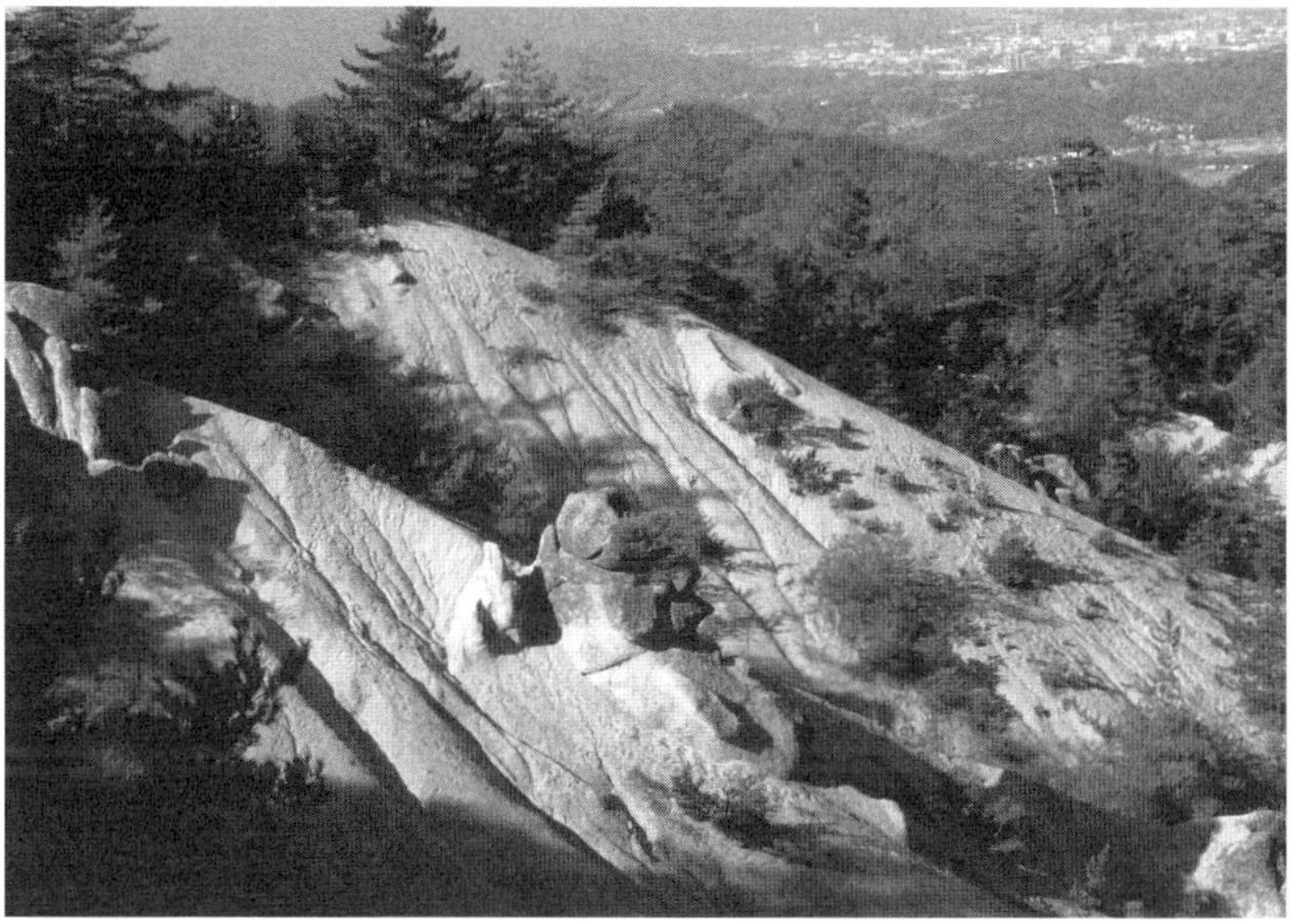

滋賀県田上山のはげ山。土壌表面に雨水で侵食された溝がある

が観測によって明らかになっている（1）。具体的には、森林水文学の鈴木雅一のグループの観測研究によって、次のようなメカニズムが明らかにされている。

降雨があると、雨水の一部は風化基岩に浸透するが、はげ山は森林土壌に比べて浸透能力が低い。そのため浸透できなかった雨水は、基岩が風化してできた土粒子の作るごくうすい10㎝以下の土層の中を傾斜方向に流れ出す。その流れに雨水がどんどん加わることで地下水面が上昇して土層の表面から水があふれ出す。そうすると浮力によって土層を作る土粒子のまさつ力が低下して、すべりに抵抗できなくなり、土は水とともにグジャグジャとくずれるように流動し始め、小型の土石流となって斜面の下まで運ばれてしまう(2)。結果的にはげ山のピーク流量（洪水発生時の河川の最大流量）は非常に高くなり、土砂の流出量も膨大となる。はげ山では、土壌層という安定した流出空間が形成されず、土がいつでも水とともに流れることを理解していただきたい。

なお、土粒子は、冬の霜柱によって、マサと呼ばれる強く風化した基岩から浮き上がることによって作り出される。そのため、春から梅雨にかけての降雨で、その土粒子が斜面から流されて渓流にたまる。夏には霜柱ができないので、雨水とともに流される土粒子がなくなってしまい、斜面からは水だけが流れる。そのため、渓流にたまった土は、逆に水に侵食されるようになり、土は降雨があるごとに断続的に下流へと動いてゆく。その結果、斜面にも渓流のまわりにも安定した地盤は形成されない。地盤ができないため斜面も河道も植生が回復できず、いつまでも荒廃状態が維持される(3)。こうして、はげ山からは毎年大量の土砂が川へ流れ出て、里の人々を水害で苦しめたのである。

6・3　森林でおおわれた斜面で雨水はどう流れるか

一方、森林でおおわれた斜面は、はげ山とは違って、基岩をおおう土壌層が長期間安定した地盤となる。基岩に浸透できなかった雨水は、この土壌層の中を流れるため、山くずれが起こる時を除いて土は動かず、水だけが流出する。土が水といっしょに動かないこと、これは私たちにとってあたりまえにみえる。しかし、はげ山との比較からわかることは、森林などの植生がみずからの生存のために地盤を必要とし、その根によって固定しているからこそ、土が動かないということを理解するべきである。第5章で説明した大陸の湿潤気候と森林との関係と同じように、急斜面上の安定した土壌層の存在と森林とは持ちつ持たれつの関係にあることを、ここで強調しておきたい。

図6・3によって、土壌層における雨水の流出メカニズムがどのようになっているのか、説明しよう(4)(5)。連続雨量が十分に大きく、洪水流量の規模が雨量と同じ程度になる場合を考える。こうした大雨時には風化基岩には浸透できない雨水が傾斜方向に流れ出すだろう。斜面を流れるにつれ上から浸透した雨水がどんどん加わってくるので、傾斜方向の流量は大きく発達し、地下水面が上がってゆく。そのため、図6・3上図のように水面が地表面に到達してあふれる。こうなると、はげ山斜面と同じように飽和地表面流が発生して、浮力によって土層がくずれる可能性が高くなる。だが実際には、森林でおおわれた土壌層は流されることはなく、数百年以上安定を保つ。その理由のひとつは、樹木の根によって土粒子が互いにつながることで、すべりに抵抗することが考えられる。しかし、樹木の根のネットワークは地表面付近に発達するので、大雨によって地下水面が上昇した場合には、土壌層が根のまばらな底面付近

図6.3 山地斜面の降雨期間中の流出機構の説明図

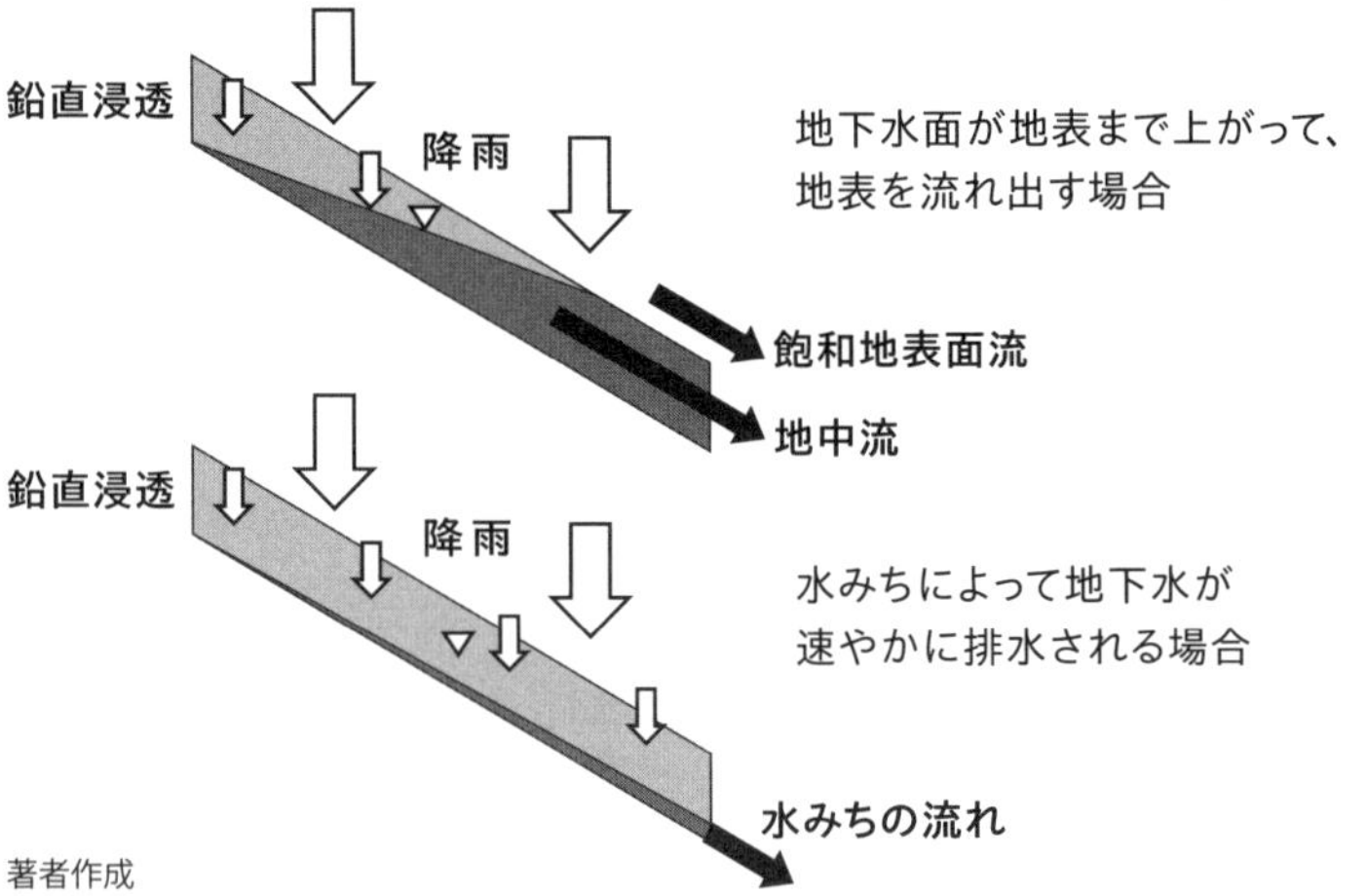

著者作成

を境にしてくずれるおそれが生じる。

ところが、降雨時に土壌層内の地下水面を観測してみると、大雨の期間であっても水面があまり上がらない結果が得られることが多い。土壌水分量は増加するのだが、パイプのような水みちを通って地下水が速やかに排水されるために、地下水面が上昇しないようなのである。図6・3の下図はそのようなメカニズムを示している。

排水の意味をわかりやすく理解するために、底に孔がある植木鉢と孔のないバケツに土を詰めた場合とを比べてみよう。表面から水を注ぐとバケツは底に水がたまって水面が上がってくる。この水面より下は地下水である。一方、植木鉢の場合は、底孔からの排水のため、土壌は湿るが地下水面は上がりにくい。斜面の土壌層の場合もこれと同様に、地下水面が上がらないように排水されていると推測される。地下水面よりも上では、土壌が湿っていても、水がぬれたタオルの繊維の間のすきまに引き込まれるように、毛管力によって土壌粒子の間のすきまに引き込まれているため、浮力がはたらかず、土壌層は安定を保てるのである。

米国のオレゴン州にあるメットマンリッジ試験地の傾斜40度の急斜面では、土壌水分量や斜面からの流出量に関する詳細な観測設備を整えたうえで、その斜面全体に人工降雨を与えて、流出のメカニズムが詳しく調べられた。その結果、土壌層直下の著しく風化した基岩の中に亀裂が多数みられ、たいへん速い傾斜方向への流れが生じていることが明らかになった(6)(7)。これにより地下水が排水されるので、水面が上昇することはなかった。

その後も観測を続けていたのだが、4年後に規模の大きな雨があって、山くずれが発生した。調べてみると、水の集まりやすい斜面下部では、強雨の直後、亀裂を通した排水能力が限界に達したために地下水面が上昇し、土壌層がくずれて観測装置が破壊された。土壌層が浮力によってすべりに抵抗できず、くずれたわけである(7)。なお、この周辺の山地では、森林伐採・林道新設のために山くずれが多発するようになったとされており(8)、この試験斜面も9年前に天然林の伐採が行われている。したがって山くずれが起こったのは、伐採後の樹木の根の腐朽も一因であると推測される。以上のことから、樹木の根と排水構造の両方が土壌層の長期安定には必須条件だと考えられる。なお、根とその腐朽の影響については次節でさらに説明する。

地下水面が上昇した時には、たしかに山くずれが起こりやすくなるけれども、その地下水面上昇はめったには起こらない。だとすれば、毎年土が動くはげ山とは異なり、数百年以上も土壌層がくずれず安定している森林斜面の実態を、図6・3の上図のような地下水面が大雨ごとに上昇するメカニズムで説明することは、非現実的だと言わざるを得ない。

斜面の地下にパイプのような水みちや亀裂などの排水構造があることを指摘した研究は、メットマンリッジのほかには、滋賀県の田上山(9)や高知県の四万十川源流(10)の例などがある程度で、事例は多くない。だが、高知での観測研究では総雨量642㎜の大規模な降雨期間中も、洪水流量はほとんど土壌層内の排水によって得られたとし、その排水能力の大きさが指摘されている。次節では、地形学的な長い時間スケールでの排水構造の形成プロセスについて考えてみよう。

6・4 斜面の地下構造からみた流出メカニズム

日本列島は、年に数㎝程度移動する広大で厚い岩盤（プレート）4枚の境界にあって、それらのせめぎ合いの影響を強く受ける地殻変動帯に位置している。フィリピン海プレートは、南海トラフに沿ってユーラシアプレートに、相模トラフに沿って北米プレートに沈み込んでいて、太平洋プレートは、伊豆・小笠原海溝に沿ってフィリピン海プレートに、日本海溝に沿って北米プレートに沈み込んでいる。プレート同士が複雑に関係し合っており、これによって圧力がかかって、日本列島の山は1年に1㎜かそれ以下の小さい速度で隆起し続けている。

これに対して、地球水循環にともなう流水が山の基岩を削り取るため、図6・1(a)のような複雑な山地地形が造られる。その結果として、未風化の基岩の上に風化してゆく基岩があり、さらにその上に基岩から生み出される土壌層がある斜面の地下構造ができあがる。それゆえこの地下構造は、山の隆起速度、岩の強度、雨の降り方、気温変動など、さまざまな要因が影響し合う非常に長い歴史の結果を表したものとなっている。とすれば、雨水の流出メカニズムは、土壌層内の水みちや風化基岩内の亀裂を含む、非常に不均質な地下構造を反映したものとなるはずである。だが、逆に考えれば、地下構造の示す複雑さはデタラメなものではなく、地形学的な長い時間スケールの歴史によって合理的に説明可能な性質をもつと期待することができる(11)。

このような雨水の流出メカニズムを生み出す山地の地下構造の形成プロセスについては、まだまだ研究知見が乏しいのだが、ここでは、図6・3下図に示されている土壌層内の水みちなどの排水構造の形成と山くずれ跡地の土壌層の回復との関係を、現場調査の結果に基づいて考えてみたい。

まず土壌層が、数百年以上の長期安定と山くずれを繰り返す歴史を現地で調べた研究を取りあげよう。砂防学の下川悦郎のグループは、鹿児島県の紫尾山《しびさん》という花崗岩山地において、過去に発生した山くずれ跡地を調査し、そこで成長した樹木の年輪測定を基にして山がくずれてからの植生と土壌の回復プロセスを推定した。その研究結果の概要は次のようであった(12)。

土壌と植生が全山で消滅してしまったはげ山と異なり、山くずれ跡地は斜面全体からみると一部分に過ぎず、山くずれは水の集まる山ひだなどの凹地に発生しやすい。山くずれの跡地では基岩風化により土粒子が作られ、さらに尾根方向からごくゆっくりだが土がずり落ちてくる(これは、匍行《ほこう》またはクリープと呼ばれる)。これらの土に樹木が侵入して成長し、自然に土壌と森林が復活してゆく。そのプロセスでは、樹木の一部は枯れて衰退し、樹木の種類は入れ替わってゆく。結局、土壌層が80㎝程度の厚さに発達するまでには300年程度かかると推測された。

山くずれが起こった後、このように土に植物が取りつくことによって、森林と土壌が元のように回復することがわかった。だが、排水構造の形成についてはよくわからない。そこで、私は、滋賀県の田上山のオンバ谷で1982年に起こった山くずれの跡地を何回か調査したので、その結果を紹介する(13)(14)。

山くずれ跡地は渓流の源頭部にあって水の集まりやすい凹地になっている。山くずれ直後は、カバー前袖の写真①のように、風化した花崗岩基岩が露出していたが、23年後には草が島状に広がり、樹木がまばらに生え始めていた(写真②)。38年経過すると、ほぼ全面が草におおおわれている（写真③）。草はウラジロというシダやネザサであり、その下には30～50㎝の厚さの土壌層があった。しかし、５ｍを超える高さの樹木はなく、まばらに背の低い木が生えているに過ぎなかった。また、くずれた直後には、その頂部にパイプ状の水の吹き出し口があったのだが、その吹き出し口は38年たっても残っており（カバー後ろ袖の写真④）、その下流に沿って基岩が露出していた（写真⑤）。

結局38年程度の短期間では、土が集まったところにはシダやササなどの草が取りついてはいても、樹木が全面にわたって成長するまでには至っていない。基岩が露出しているのは、くずれた頂部の孔から水が基岩表面を流れ、土が侵食されて固定されないためだと考えられる。草によって土壌が形成された部分は、こうした集中した流れがない部分に限られるのである。第5章で、樹木は地上部と地下部が何十年もかけて成長し、草と異なるしぶとさをもつため、少雨期間にも蒸散量が減りにくい特徴があることを述べた。山くずれ跡においても、土壌が厚く発達するには、短命の草の根では十分ではなく、しつこく長生きする樹木の根の成長が重要な鍵を握ると考えられる。つまり、樹木の根が成長を続け、隣の樹木の根と絡み合うネットワークを作り出すことによってはじめて、水流の侵食力にうちかって土壌が水流をおおうことができる。そして、水流が土壌層内に取り込まれても、引き続き水の流れは凹地形の部分に集中するので、地表面流は同じ場所で地中の水みちの流れに変化するだろう。結局、山くずれ跡地全体が土壌層と植生におおわれる時、地下の排水構造も形成されると推測される。

２０２１年７月に静岡県熱海市の伊豆山《いずさん》で発生した土石流は、渓流源頭部における盛り土の崩壊によって引き起こされた(15)。こうした人工盛土は、自然斜面の土壌層が排水構造を長い時間をかけて発達させながら厚くなってきたのとは、でき方がまったく違う。排水パイプを埋め込んでも、大雨時にこの排水孔から水が流れ出て地下水位が下がり、盛り土が安定を保つとは限らない。水みちなどの排水構造は、植生の回復をともないながら、土壌層の安定とバランスを保ちつつ発達してくるからこそ、山くずれ防止に効果を発揮するわけで、それに比べると盛り土ははるかに不安定なのである。

以上の検討から、斜面上の土壌層は、地殻変動と水循環という地球活動だけによってできるのではなく、生物活動に基づく森林生態系の発達との相互作用によって作り出されることがわかる。だが人間は、生活資材を得るためにこの相互作用システムに割り込まざるを得ない。例えば、木材や燃料や肥料を森林から持ち出すのがこの割り込みにあたる。樹木が伐採されると、その樹木の根が微生物によって分解され腐朽してゆくにつれ、土壌層はくずれやすくなってゆく。しかし、植林が行われ樹木が成長してゆけば根も成長して、再び伐採前の強度がもどってくる。図6・4はこの実験結果を示している(16)。伐採木の根が腐る一方、成長してくる植栽木の根が代わりに土壌層を補強するため、伐採後10年くらいが一番くずれやすくなるという結果である。6・3で紹介した米国の試験斜面の山くずれは、伐採後9年後にあたっていて、根の力が衰えてきた時にちょうど大雨があったために発生したのだと推測できる。

伐採後に植林をしても、シカの侵入による食害などで樹木の根による強度の回復がなされなかったりすると、強度は低下する一方になる。斜面に太陽電池を設置したような場合でも、伐採前に生えていた樹木の根で数年は安定を保てるかもしれないが、図6・4に示すように根が腐ってゆき、土壌層が失われてゆく危険性が高くなってゆくだろう。

土壌層が一度うすくなると、下川悦郎らの研究からわかるように(12)、再び厚くなるには100年を単位とする年月が必要になる。基岩風化による土粒子の生成はふつう1年に1㎜未満だからである。一方、土壌層が失われる時間は、厚くなる時間よりはるかに短い。

図6.4 スギの根の強度の伐採後の低下と植栽木の根の強度の増加

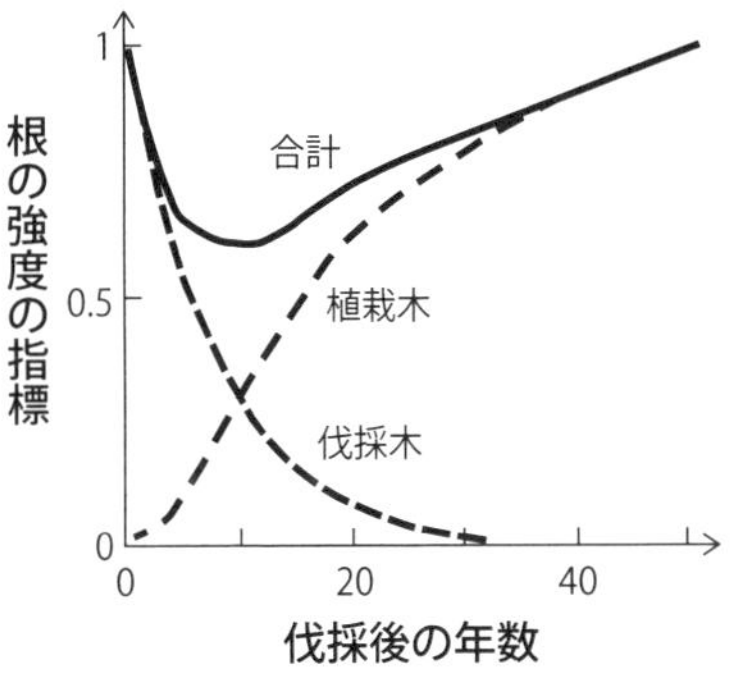

文献(16)の図を基に一部改変

以上のように、地球活動と生物活動の相互作用の産物である土壌層への人間活動の割り込みは、水や土の流出によって起こる災害に大きな影響を与える。砂防ダムや治山ダムのような貯砂のためのインフラの効果は、その上流側の斜面における相互作用が維持されなければ、時間とともにその効果が低下すると考えなければならない。本章の主たるテーマである洪水流量に関しても、次節で述べるように、土壌層が維持されてこそ、そのピーク流量を低下させる効果が発揮されるのである。

6・5 大雨時のピーク流量を低くする森林土壌層の効果

斜面をおおう土壌層は、長い時間をかけて発達したものであり、現在も、樹木の根による補強と図6・3下図に示す水みちによる排水によって、安定が保たれている。したがって、雨水の流出メカニズムはその土壌層の構造を反映したものになっているはずである。本節は、このメカニズムについて、具体例を挙げて説明する。

降雨が始まると、雨水は流域の土壌層や風化基岩に貯留される損失量と、洪水流量として速やかに流出する有効雨量とに配分される。損失量はいずれ大気へ蒸発散として戻るものと、無降雨期間に基底流量として川へ流れるものに分かれる。その雨量配分においては、地質によって風化基岩に浸透した貯留変動量の大きさが異なる。そのため、中古生層の山地では大雨の場合に損失量が小さくて有効雨量が大きくなるが、花崗岩や第四紀火山岩の山地では、損失量が大きくて有効雨量がそれほど大きくならない傾向が生じる。これに加えて、森林の蒸発散量が草地よりも大きい特徴によって降雨前の土壌は森林が草地よりも乾燥するため、洪水流に配分される有効雨量の総量は、地質などが同じ場合、森林の方が草地よりも小さくなる。そこで、私は、この森林が土壌を乾燥させて洪水流量を小さくする効果を「乾燥土壌の保水力」と呼ぶことにしている。しかし、連続雨量が大きくなると土壌層全体が湿潤になるから、雨水を吸収して洪水流量を緩和するこの効果は限界に達する。よって、乾燥土壌の保水力は、大雨では期待できないということになる。

ところが、図3・2（102ページ参照）に示したように、有効雨量が仮に同じであったとしても流量の時間変化は流域条件によって異なるはずである。では、この効果は、どのようなメカニズムによって生み出されるのだろうか。また、この効果はどのような場合に大きいのだろうか。これらの点について、図6・3を基に考えてみよう。

もし、上図のように飽和地表面流が発生するのであれば、その地表面流の流れがゆっくりである方が、いっきに流れる場合よりも流量の時間変化がなだらかになり、ピークが低くなると予想される。例えば、手入れされていないヒノキ人工林のように地面が真っ暗で下草がない場合よりも、下草や落葉におおわれて流れがとどこおりやすい方が、ピーク流量は低くなるはずである。専門家でさえもそのように考えておられる方が多い。しかし、この推論は、本章で述べてきた「急斜面上の土壌層が数百年以上安定を保つ」という知見に照らすと、非常に無理な説明と言わざるを得ない。大雨ごとに地下水面の上昇があるとするなら、浮力の発生によって土壌層が長期間安定を保てないからである。水みちを通じて地下水が速やかに排水されるなら、下図のように、地下水面は土壌層底面付近より上がりにくいため、雨水は土壌層の深部まで真下への浸透（以下、鉛直浸透という）を続けることができる。その結果、洪水流量の時間変化、そしてピーク流量の低下は、傾斜方向への地表面流などの流れによるのではなく、鉛直浸透によって決まる、ということがわかってきた。私は、この土壌層の鉛直浸透を通じた洪水流量緩和効果を「湿潤土壌の保水力」と呼ぶことにしている。ここでは、典型的な森林土壌が発揮する大雨時のピーク流量低下効果の計算結果を示す。

図6・5は、斜面の土壌の性質の違いが流量の時間変化に及ぼす影響を、土壌物理学の基礎理論であるリチャーズ式を用いたシミュレーションによって調べたものである。なお、用いた降雨は、竜ノ口山試験地で観測されたものを使用しており、図には、南谷流域内の一斜面から流出する流量の観測結果も示した。肥沃な森林土壌の代表である団粒構造でできた土壌層を用いた計算流量は、観測流量と近いが、粘土質土壌を用いた計算流量は、時間変化がとがっており、ピーク流量が高くなっている。その理由は、水を毛管力で吸い込むすきまのサイズが土壌のタイプによって異なるからである。

土壌層内の鉛直浸透が流量変化にもたらす効果を理解するため、水道管の蛇口に水まきホースをつないだ場合を考えよう。ホースの中が空の場合、水栓を開くとホースの中が水で満たされるまでは、出口から水が出てこない。土壌でも乾燥している場合は、そのすきまの中に水が十分吸収されて湿潤になるまで、土壌層の底面から水みちへの排水は起こらない。「乾燥土壌の保水力」は、この雨水の土壌吸収によってもたらされる。ところが、ホースの中が水で満たされてしまった後は、水栓を調節して流入量を増減させると、ホースの中の水が押し出されて出口から流出する水量は直ちに増減する。ただし、もしホースがきわめてやわらかいゴムでできていたとすると、流入量の増加にともなってホースがふくらみ、流入量の減少にともなってホースが縮む。そのため、そのふくらみと縮みによってホース内の貯留水量が変動してクッションのような効果が発揮されることで、ホースの出口から排出される水量の時間変化がなだらかになる。

　土壌層の場合も、連続雨量が大きくなって土壌層が湿潤になってしまうと乾燥土壌の保水力は発揮されなくなり、土壌層底面からの水みちへの排水流量は、土壌層内の土壌水分量の増減、つまり、土壌層内の貯留量の変動によって影響を受けるだけになる。ただしサイズの大きなすきまに富む団粒構造をもつ森林土壌では、降雨強度の時間変動にともなう貯留量の変動が、細かいすきましかもたない粘土質土壌と比べて大きくなる。土壌のもつすきまのサイズによってクッション効果に差が生まれるため、洪水流量の時間変

図6.5 竜ノ口山の大雨のデータに対するリチャーズ式の適用による、土壌の物理的性質の洪水流量の時間変化に及ぼす影響の予測結果

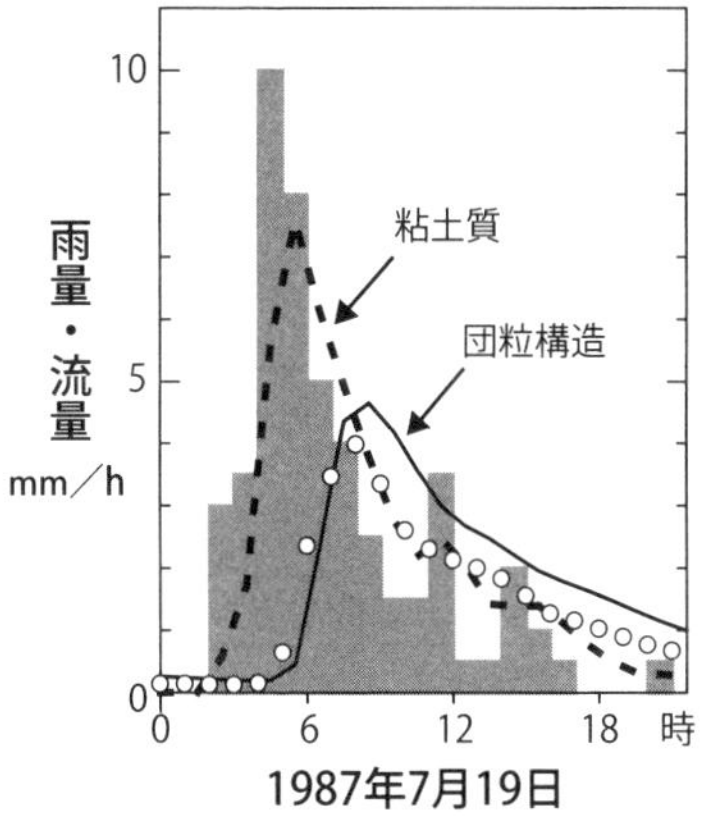

文献(17)の図を基に一部改変

化をなだらかにする効果が異なるわけで、「湿潤土壌の保水力」が団粒構造をもつ森林土壌で大きいという結果が生み出されるのである。

以上のゴムホースによる説明は、読者にイメージをつかんでいただくために行ったものに過ぎないが、図6・5の計算結果は、土壌物理学で広く用いられる理論式からもたらされた科学的に根拠のある結果である。専門家やより詳しい内容を知りたい方は、学術論文を参照していただきたい(17)(18)。

6・6　土壌層の厚さによって異なる大雨時のピーク流量

前節では、図6・3下図のような流出メカニズムをもつ一試験斜面での観測結果に基づき、土壌の性質が流量の時間変化に及ぼす影響を説明した。本節では、同じく竜ノ口山試験地のふたつの小流域へこの流出メカニズムを拡張した結果を紹介したい。

図6・6の上図は、1976年の台風17号による大雨（総雨量375㎜）の後半の観測結果を表示したものである。流量は、流域面積で割った1時間強度（水高といい、雨量と同じ単位になる）で折れ線グラフを使って表されているので、上図では、1時間雨量強度（棒グラフ）との規模の比較ができる。この大雨の降り始めは流量が雨量よりも少ないのだが、徐々に大き

図6.6 竜ノ口山試験地の北谷と南谷の大雨時の流量

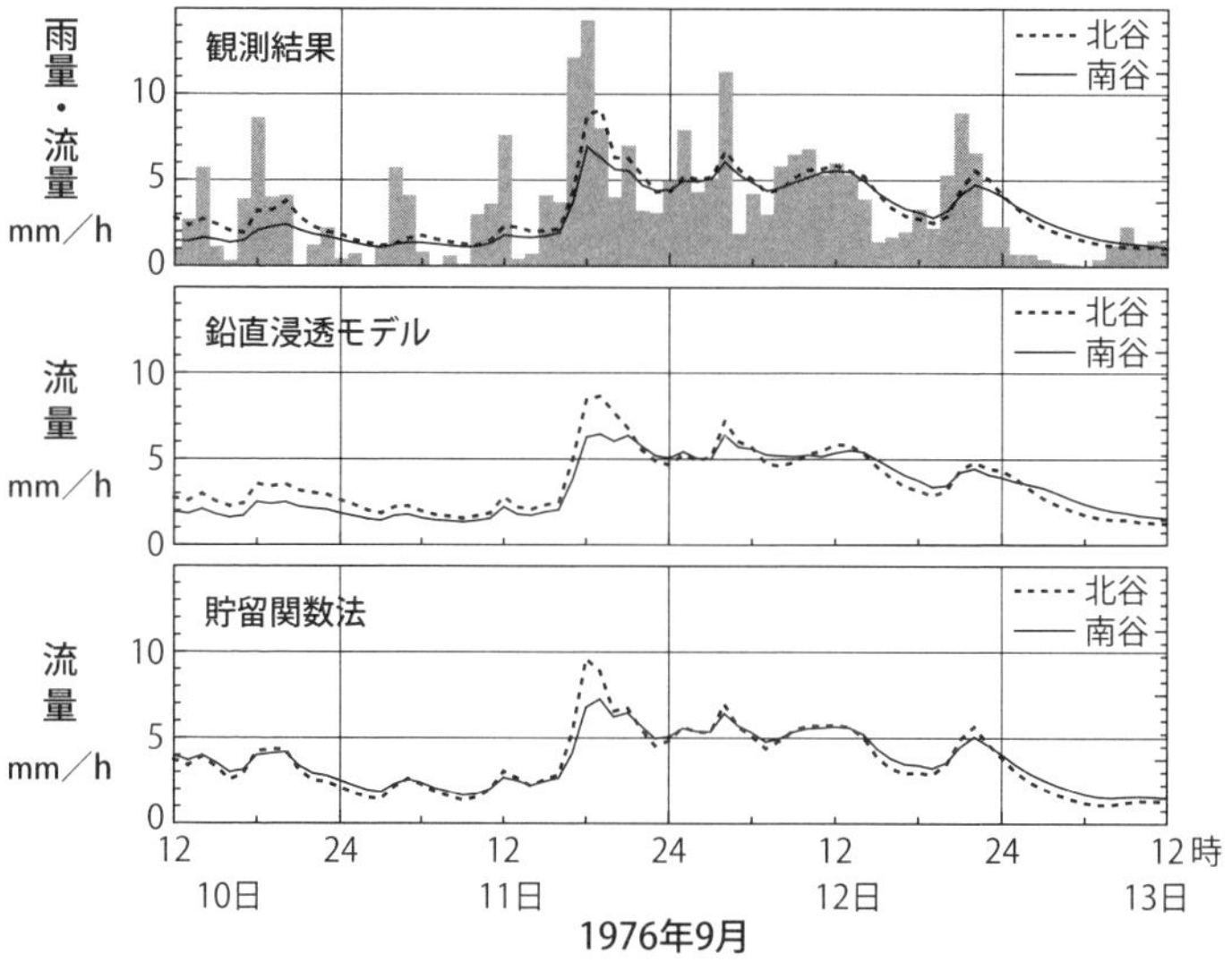

文献（5）（19）の図を基に著者作成

くなり、11日午後以降は、十分な連続雨量によって土壌層が湿潤になり、北谷も南谷もともに、雨量と流量の規模がほとんど同じになっていることがわかる。つまり乾燥土壌の保水力が限界に達して、湿潤土壌の保水力だけが残るようになったわけである。

第3章では、図3・3を用いて、利根川の支流の総雨量と総洪水流量の関係が水源山地の地質によって異なることを説明した（107ページ参照）。つまり、中古生層流域では、大雨の場合、雨量のほとんどすべてが洪水流量になる傾向がみられた。竜ノ口山流域の地質もまた古生層が主体であるため、図6・6上図には、この傾向が反映されていることになる。

ところが、北谷と南谷の流量の時間変化を比較すると、南谷の時間変化がよりなだらかで、そのピーク流量が北谷よりも低くなっている。つまり、総洪水流量が同じであっても、流量の時間変化をなだらかにするような流域は、ピーク流量を低くする能力が高いことになる。そこで、土壌の性質が同じとみなせる北谷と南谷の流量の時間変化の違いをもたらす理由について検討してみよう。

図6・6の中図は、図6・5の計算で用いたリチャーズ式を基にした鉛直浸透モデルによる計算結果である。また、下図は、貯留関数法による計算結果である。どちらも、11日午後以降は、観測結果をよくシミュレートしており、南谷の時間変化が北谷よりもなだらかとなる傾向もうまく説明している。なお、計算で用いたパラメータについては、専門的な内容になるので、学術論文を参照願いたい(5)(19)。ただ、北谷と南谷とで流量が異なるのは、南谷の土壌層が北谷より厚いことに基づいている。

このように洪水流量が雨量と同じ規模になるような大雨においては、さまざまな流出モデルによって、雨量の時間変化から流量の時間変化が比較的容易に計算可能である。そのため、国交省の河川整備計画の水文設計においては、ブラックボックスとしか言いようのない貯留関数法であっても利用できたのである。だが、本章の冒頭で述べたように、これでは流域条件の影響が評価できない。これに対して、鉛直浸透モデルは、土壌層の鉛直浸透と水みちによる地下水の傾斜方向への速やかな排水構造から成る図6・3下図の流出メカニズムを基礎に置いている。図6・6の場合は、土壌の性質の違いでの流量の時間変化の差が表現された図6・5とは異なり、土壌層の厚さの違いが反映されている。その傾向は、図5・8に示した南谷の基底流量が北谷よりも大きい結果にも表れていた（168ページ）。以上の図6・5、図6・6の計算結果から、湿潤土壌の保水力は、土壌の性質や層の厚さによってコントロールされることが理解できるだろう。

また、こうした流量の時間変化の差異は、貯留関数法の場合には、図3・2の下部のタンクの孔の大きさによって表現され、図6・6下図のように流量をうまくシミュレートできた。それゆえ、流量をシミュレートできる貯留関数の物理的根拠は、土壌層における雨水の鉛直浸透にあるとみなされる。そして土壌層における貯留変動が大きいほど、流量の時間変化をなだらかにしてピーク流量を低くする効果が大きくなると結論づけられる。

ところで、貯留関数法の根拠が土壌層にあるとの意外な結論に対しては、さまざまな反論があって当然である。疑問をもたれる水文学の専門家にはぜひ研究して批判していただきたい。しかし現時点では、大雨時の雨量から流量を計算するうえで貯留関数法が広く適用できるその根拠を、より合理的に説明できる論文は見当たらないだろうと、私は確信している。

6・7 洪水流量緩和と土壌層の効果

森林でおおわれた山地斜面の乾燥土壌と湿潤土壌の保水力の特徴を説明してきた。当然ながら、土壌層の効果が発揮されなければ、洪水ピーク流量はより高くなる。そこで、はげ山斜面と都市化された斜面では、洪水流量がどのように増加するのかを簡単に紹介し、森林と持ちつ持たれつの関係にある土壌層の洪水流量緩和機能の重要性を確認しておきたい。

森林土壌が失われたはげ山では、基岩から生まれる土粒子が1年以内に侵食されて土壌層が形成されない。ただし、人間の森林利用によってはげ山となった山は、中古生層ではなく、深層まで風化した花崗岩の山地であった。このことを思い起こせば、連続雨量が大きくなっても、雨水の多くが風化基岩に貯留される花崗岩の性質は、たとえはげ山であってさえ残ることが理解できる。はげ山なので地表面流によって水と土がともに流れ、ピーク流量がきわめて高くなるのだが、風化基岩に浸透する雨水が損失量となり、洪水流量がその分だけ小さくなる点は指摘しておきたい(20)。

これに対して、都市化された流域では、連続雨量が小さくても大きくても、道路や人工排水路を通じて、雨量のほとんどすべてが洪水流量として川に流れ込む。神戸市の都賀川《とががわ》で

2008年7月にわずか46㎜の総雨量で発生した死亡事故は、都市化された流域における水害の典型であった。10分間に24㎜の強雨が降って川の水位が1・3mも急上昇し、5名の方が河道から逃げられずに流されて亡くなられたのである。流出モデルを用いた解析によると、洪水流量は、六甲山地の流域のうち市街地となっている部分だけから流出し、森林部分からはほぼゼロであった(21)。このような総量の小さい降雨での流量の急上昇は、乾燥土壌の保水力がなく、なおかつはげ山とは異なって基岩への浸透もないために生じたと説明できる。以上の説明から、斜面が森林と土壌層でおおわれていることが洪水流量緩和においていかに重要かを、ぜひ理解していただきたい。

土壌層が厚く発達するには長い年月がかかるので、土壌層を厚くすることとやすきまの大きい土壌に改善することは、100年程度の短期間では無理である。だが、逆に、土壌を侵食で失うようなこと、土壌のすきまを重機で転圧してつぶすようなことは、洪水流量緩和効果の低下につながってしまうので、避けなければならない。より良くすることは困難だが、より悪くすることは簡単なのである。

6・8　ダムは緑のダムの代わりができるか？

ところで、水源山地の洪水流量緩和効果は「緑のダム」と呼ばれることが多い。本章では、長い時間かかって発達してくる土壌層における鉛直浸透がこの効果を生み出すことを明らかにしてきた。たしかにこの効果は土壌層における雨水貯留量変動に基づいており、人工のダムの効果に似ているといえるだろう。しかしながら、緑のダムとダムとを比較して、一方を重視して他方を軽視することによる論争が多くみられ、災害対策における固定した対立の原因となってきたことを思い起こすと、両者の違いを整理しておくことにも意味があるだろう。

国交省のホームページには、２０２３年９月現在、「『緑のダム』が整備されればダムは不要か」という項目が設けられていて、「森林は、中小洪水に一定の効果を有するものの、治水計画の対象となるような大雨の際には、森林域からも降雨はほとんど流出することが観測結果からも伺えます」と書かれている(22)。これは、連続雨量が大きくなって土壌が湿潤になる時点で乾燥土壌の保水力が発揮されなくなることを述べているのだと解釈できる。しかし、湿潤土壌の保水力が大雨でも持続することについては記述がない。

けれども、３・３に紹介したように、国交省は、日本学術会議から２０１１年９月に、土壌層の保水力は規模の大きな雨になっても限界に達するのではなく、引き続き発揮される、との回答を受け取っている(23)。しかし、その後12年も経過しているのに、この回答結果は反映されていない。おそらく、時間変化の根拠が土壌層の貯留変動効果にある湿潤土壌の保水力を理解せず、乾燥土壌の保水力だけが緑のダムの効果だと誤解しているからであろう。ホームページを学術会議の見解を尊重して修正するべきであることを、ここで国交省に強く要請しておきたい。

さらに言えば、人工のダムには、4・3で肱川の例を挙げて説明したように、緊急放流という貯留効果の限界が明確に存在する。また、人工物である以上、維持管理を続けてゆかなければ効果を維持することはできない。さらに、上流からは土砂が流れ込み、貯水池に堆積するので、１００年の時間スケールで考えた時、果たしていつまでも効果を期待してよいのか、疑問が生じる。本章を読んでいただければわかるように、緑のダムである土壌層は、山地源流域の斜面全体に広がっており、たしかに数百年に1度崩壊するとはいえ、森林管理が不適切でないかぎり、山全体がはげ山になることはないから、いつまでも効果が持続する。むしろ、限界が明瞭な人工物による貯留効果が自然物のはたらきに代わり得るかのような、原理的に誤った自然理解が水害対策における根本的な問題を生み出しているとも考えられる。

なお、ここで誤解のないように強調しておきたいことがある。本書は、緑のダムが整備されればインフラは不要だなどと主張しているのではない。言うまでもなく、堤防強化などのインフラ整備は重要である。国交省が緑のダムの効果を誤解しており、かつ、ダムが緑のダムの代わりになると主張していることについて、私は問題視しているのである。

以上のような河川整備事業における自然への理解不足は、第1部で述べてきた「安全性向上の哲学に基づいた災害対策が利害関係者との対立を固定化させる」という不幸な社会問題と強く結びついている。そこで、第2部で説明してきた最新の自然の理解に基づき、現代の災害対策はどのようなかたちにもってゆくのが望ましいのか、それはどうしたら実現できるのか、第3部でじっくり考えてゆきたい。

第3部

人新世の時代の水害対策

第7章

自然を理解して水害対策の方向性を探る

7・1 自然災害を相互作用の視点から位置づける

第1部では、河川整備事業における河川管理者と利害関係者の対立の固定化について、歴史をさかのぼって検討してきた。その結果、根絶することができない水害に対する対策と、改良を追求して目標を達成するという事業の安全性向上の哲学との間に矛盾があること、これが固定化した対立の原因となっていることを指摘した。この矛盾をかかえたまま、河川管理者が利害関係者の協力を求めようとしても、固まってしまった対立は緩和できない。少なくとも、淀川委員会のような多角的な検討を経ないかぎり、コンセンサスを得ることは困難である。こうした合意形成への議論がスムーズに展開するためには、自然科学から得られた自然理解の共有が必要であると考え、第2部では、第5章で水資源対策、第6章で水害対策を主に取りあげ、水文学などの自然科学の最新の成果から、必要な基礎知識を得るように試みた。

そこで本章では、面的に広がる流域社会を対象とした災害対策において、こうした科学的知識をどのように対策に活かせばいいのかを検討したい。この検討においては、対策のブレーキを踏みながらアクセルを踏むという現代社会のあり方を見直すことが必要だと考える。対策の前提となる自然の理解において、地球の限界性を無視することができないからである。

その自然の理解の基幹部分は、図7・1のように表現できる。つまり、地球活動と生物活動と人間活動の相互作用のネットワークを維持することが人間活動を行ううえでの前提となるということである。しかし地球活動は、しばしば極端な変動によって災害の根本原因を生み出す。近年、災害の現れ方も変わってきているが、どの時代であっても必須である相互作用の維持を棚に上げ、災害対策を改良追求の方向だけに邁進させるなら、その影響は予期せざる方向に波及し、結果的に人間自身がひどい副作用を受ける危険性があ

図7.1 地球活動と生物活動と人間活動が交わす相互作用の入れ子構造

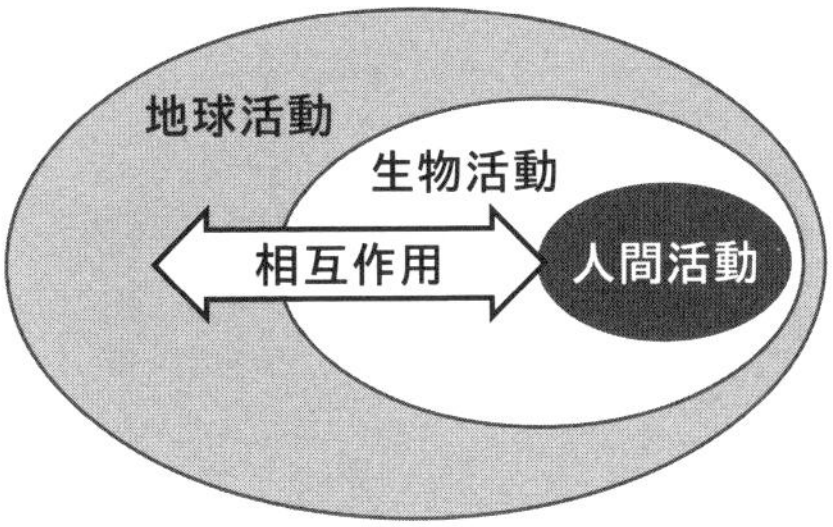

著者作成

る。

実際、大気中の温室効果ガスの濃度増加など、地球環境問題が生じているわけで、まさしく図7・1の相互作用のネットワークからの副作用が人間社会に本格的に表れてきたのである。「人新世」は、相互作用のネットワークを通じて地球の地質年代にまで人間活動の影響が及ぶことを的確に表現している用語であるが(1)、この相互作用から災害対策をみる視点は、降雨規模を増大させる温暖化の抑制なども含むため、対応策を広くとらえるうえで決定的に重要である。人間は、地球活動と生物活動の相互作用をほしいままに変化させることはできないが、その欲求に沿って行う活動はこの相互作用を破綻方向に変化させてしまう。これを意識して災害対策に臨まなければならない。

私たちの見る都市・農地・森林・川という陸地表面のモザイク状の景観もまた、地球活動と生物活動との相互作用に人間活動が割り込んだ結果である。第1章冒頭で引用した古島敏雄の言う風土は、「人間労働の働きかけによって変容した自然」であり、「時代時代の人間活動に対する自然的与件」であった。さらに、「自然災害とよばれるものは、(中略)人間の自然への働きかけの結果生じたもの」との認識が示されている。本章の課題は、現代における相互作用のネットワークをふまえて、水害・土砂害・渇水害など水がかかわる災害に対してどのように取り組めばいいのかを検討することである。

7・2 江戸時代をモデルとする限界点の検討

古島の言う「自然的与件」は、現代では地球・生物・人間が交わす複雑な相互作用のネットワーク全体とみなさなければならない。だが、これはあまりにも巨大で複雑であるため、その相互作用の維持に配慮しつつ災害対策を進めるという課題への取り組みは容易ではない。そこで本章では、この問題を、現代よりもわかりやすい江戸時代にさかのぼって、検討してみることにする。江戸時代は鎖国していて海外からの資源を利用できなかったから、生活に必要なものの入手は、当時植民地を持っていた欧州の列国とは比較にならないほど、厳しい条件に置かれていた。にもかかわらず、日本は人口密度が高く、3000万もの人々が暮らしていた。地球よりもはるかに狭い日本の国土において、ローカルに限定された相互作用が営まれていたことから生じる社会問題を、現在よりもシンプルに見いだすことができると考えられる。

さて当時は、江戸や大坂などでは貨幣経済が発達していたとはいえ、都市とその近郊でも、燃料や食料を含む生活資材の多くを森林に依存していた。一般の農村では森林への依存がもっと強く、里山の植生は貧弱となっていた。樹木は繰り返しの伐採によって背の低いものが多くなり、疎林や草山に移行していたところも多かった。もちろん、樹木や落葉や下草の持ち出し

図7.2 自然の相互作用が破綻しないように維持しながら森林を利用するむずかしさ

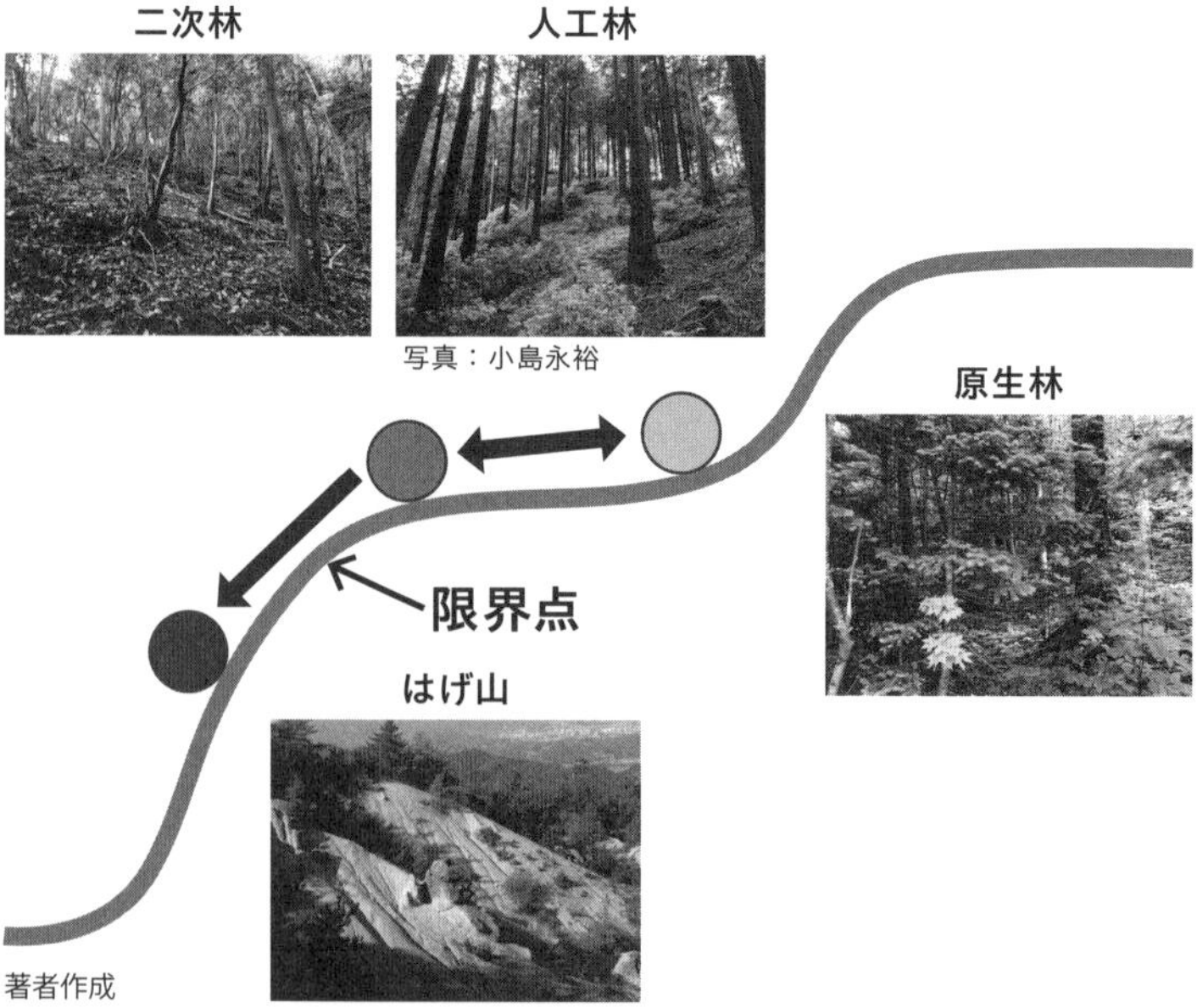

著者作成

によってミネラル（窒素や鉄分などの無機物のこと。光合成で有機物を作り出す能力をもつ植物を含むすべての生物の生存に不可欠である）を失い、土壌はやせてしまっていた。当時の里山は人間活動によって生態系の持続が非常にむずかしい瀬戸際的状況にあったのである。

図7・2は、人間による森林利用の影響を重視して、図7・1を作り変えたものである。右側に人間がいまだ現れず、地球と生物の両活動の相互作用が最大限維持されている原生林を、中央上に人間活動がこの相互作用に割り込んだことに

よって成立している里山二次林（二次林は伐採後に植林を行わずに自然に再生した森林をいう）や木材収穫のために植林された人工林を、左下に生物活動の生命力では相互作用が維持できなくなったはげ山を描いている。曲線の上に乗っているボールは、図7・1の「相互作用」を表しており、里山とはげ山の間には限界点があって、これを越えると破綻に転がり落ちてしまうことを表している。

つまり、里山とは、この限界点からの転落をぎりぎり持ちこたえている景観であり、はげ山は限界点から転落した破綻状態を意味している。はげ山は、花崗岩由来の砂質土壌の弱さと人間による森林利用の強さという悪条件が重なって生物活動が消滅し、結果的に地球活動の地殻変動と大気の運動（水循環）の相互作用だけが残った状態を表している。

森林水文学の太田猛彦は『森林飽和』を著し、江戸時代から戦前までの里山は、現在の水源山地からは想像できないほど貧弱な植生状態をもっていたことを明らかにした[2]。その一方、米国の日本近世史の専門家であるコンラッド・タットマンは、森林利用の激しさにもかかわらず、適切な森林保全政策によって日本の森林が守られてきた経緯を論じている[3]。一見対立する両方の見方は、実はどちらも正しい。花崗岩か中古生層かなどの地質条件、里山と奥山の区別、主要都市からの距離などによって、当時の山の状態には大きな差があったからである。要するに、人間による強度の森林利用の結果、水源山地は、成熟林におおわれた奥山からはげ山まで、モザイク状の構造ができていたのである。このような状況にあった江戸時代の森林と水の関係を考えるには、農民と領主層との間に生じた森林の利用目的の違いに着目することが必要である。はげ山をはじめとする荒廃地からは、大雨時には大量の土砂が流出し、川床が高くなっていた。そのため川は氾濫しやすく、舟運においても大きな支障をかかえていた。だから領主層にとって、森林がはげ山に移行することは、経済活動を維持するうえで許容できなかったとみてよいだろう。加えて、太い木材が寺社や邸宅などの大建造物の建築用材として必要だったから、幕府や各藩は、短期の伐採を避けて成熟した森林を育成することに腐心していた。

一方、農民は、樹木の伐採を短期的に繰り返すとともに下草・落葉・落枝を採取しなければ生活が成り立たなかった。里山は水田や畑と同じように日常的な生活の場であったのである。とはいえ、はげ山のように森林が荒廃して土砂が大量に流出することは、水田用水を引く場合に支障となるから、この点では領主の求める森林保全が農民の利益と一致する。いずれにせよ、農民は森林の持続的利用に心を砕いていた。

以上のように、領主層であれ、農民であれ、それぞれの立場にとって持続的で最適な森林管理が非常に重要であることは共通していたのだが、具体的な管理方針は異ならざるを得なかった。結果的に、領主層と農民との森林利用方針にずれが生じ、支配者である領主層は、被支配者である農民の自由な森林利用を制限する命令を下さざるを得なかったのである。実際、幕府は、1666年に「諸国山川掟《さんせんおきて》」を公布して、むやみに伐採して土砂を出さないように農民に命じた(4)。しかしだからといって、森林が生活基盤である農民がやすやすと従うはずもなく、領主層も支配の基盤である年貢を納める農民の活動を禁止することができず、結果的に、緊張した対立関係が持続したと考えられる。

ただ当時は、現代の河川対策とは異なり、しきい流量を達成目標とした改良追求の原則などはなかったため、河川管理者としての立場をもつ領主層は、大和川付け替えや利根川東遷のような大規模な改良事業を除けば、農民の要求を受けて利害調整に努める場合が多かった。もちろん水害は頻繁に起きたとみられるが、江戸時代における重要なポイントは、水害が根絶できないという当然の理解を互いに暗黙のうちに共有したうえで、対策や利害調整を進めていたことである。

明治時代になっても鉄道未発達の時代には舟運が引き続き重要であった。また、経済発展・軍事増強に必要な用材を確保するために国有林囲い込みが強行されたことから、森林をめぐる政府と農民との対立は、むしろより強くなった(5)。1897年には森林法が公布され、伐採など、森林利用の制限を図る「保安林の指定」が法制化された。その指定目的としては9種類の森林機能が挙げられ、指定根拠として土砂流出防止とともに、森林の水源涵養機能も掲げられた(4)。保安林制定が森林機能を守るために必要とされたことは評価してよいが、同時に農民の利用から森林を囲い込むための制度でもあったから、森林管理者と地元農民との対立をより激化させた。例えば、横浜市は明治から大正にかけて、道志川《どうしがわ》源流域を水源林として囲い込んだが、日常的に利用し続けたい地元農民はこれに強く反発し、対立がより深刻になっていったのである(6)。

以上のように、江戸時代から明治時代における森林は、持続的利用とはげ山的荒廃による破綻との限界点付近に位置していたことを認識しておきたい。

7・3 治山事業の木に竹をついだ構造

明治時代になって、政府は経済を発展させるために、農民の森林利用を制限し木材の確保を図るとともに、荒廃地緑化を進めて舟運の妨げになる土砂流出を抑制する政策を推し進めた。はげ山緑化は緑化技術が未熟であった江戸時代には成功しなかったようだが、明治期には積苗《つみなえ》工《こう》が考案され、徐々に土壌と森林の回復が進んだ。積苗工は、はげ山斜面の風化基岩表面に階段を切って平らな部分を作り、その上に盛り土をし、さらに盛土表面をわらやシバなどでおおってから、その盛り土に苗木を植えるという手の込んだ緑化工法である。

江戸期の緑化は斜面に木を植えただけだったので、降雨時には土とともにすぐに流されてしまい、成功しなかったようである。また、尾根に近い部分の植生が首尾よく回復すると、土砂が侵食されずに水だけが流れてくるので、今度は山ひだなどの水の集まりやすい凹地形の部分で侵食が進んでしまう。これによって土台を失うと侵食が尾根方向に広がっていき、やはり緑化が失敗に終わる。そのため、水の集まる部分には、石を積んで小さなダムを設置しなければならない。こうしたきわめて丁寧な緑化工事を行うことによって、ようやくはげ山は植生破綻状態を脱し、土壌層と森林が復活することになったのである。

明治時代には、このような緑化技術の改良などを含む土木技術の進歩により、水害や土砂害による被害を少なくすることを目的とする事業が可能になってきた。そこで、1896年に河川法、1897年に砂防法が制定され、川の改良工事を行うこと、それに必要な土砂流出防止工事を行うことが定められた。水害・渇水害・舟運阻害など、さまざまな水の流れにともなう社会的被害について、これまでの原状回復や現状維持を超えて改良を追求するようになったのである。開国により新しい技術がどんどん導入されたことで、災害対策も大きく進歩したわけである。

一方、先述したとおり、砂防法と同年に制定された森林法は、「諸国山川掟」の伝統を引き継いでいた(4)。つまり、荒廃地への植林の重要性は要請されてはいるが、緑化工事を定めるのではなく江戸時代からの伝統である「囲い込み」が法制化されたといえる。明治になっても江戸時代の旧法が残されたことになるが、管理者が領主から政府に代わったとはいえ、農民と管理者がそれぞれの立場の違いによって対立する構造はそのままであった。それゆえ、積苗工によってはげ山緑化が進んだ以外には、上流域の農村社会はあまり変わらなかったといえよう。なお、はげ山緑化は、植生破綻状態からの土壌層・森林の回復であるから、「維持回復事業」の範囲にはいるものだと位置づけられる。

ところがこの時期、多く発生した水害の原因は水源山地の荒廃にあるとする世論が広がった。これを受け、国有林経営を主な業務としていた農商務省山林局（現在の林野庁）は、１９１１年に民有林（国有林以外のすべての森林のこと、地方公共団体の所有する森林を含む）を対象とした森林治水事業（ふつう治山事業と呼ばれている）を開始した。しかし水害・土砂災害の対策事業は、すでに河川法や砂防法に基づいて内務省（現在の国交省）が実施していた。そのため、事業重複を理由とした猛反対を受けたのだが、結局、砂防工事とほぼ同じ内容の治山工事が、森林法を根拠に行われることになったのである(４)。

維持回復事業と改良追求事業の対比の観点から言うと、森林法は江戸期以来の伝統を引き継ぎ森林の維持回復を掲げていたから、防災目的での改良工事を進める河川法や砂防法とは法律の建て付けが異なる。にもかかわらず、治山事業は砂防事業と同様、下流の水害・土砂災害の防止を実質的な目的としているため、改良追求事業と位置づけられる。したがって治山事業は、森林法で定められた維持回復を建前にして改良追求工事を行う、まるで「木に竹をついだ」ような構造となってしまった(４)。

戦後１９５１年に森林法は改正されたのだが、改正後も保安林指定が主体とされ、下流の土砂害の防止工事を行う砂防法とは、依然として建て付けが異なっている。例えば、治山ダムは下流の土砂害防止という砂防ダムと同じ目的をもっているにもかかわらず、「尾根側で森林を回復させると谷側で侵食が進むので、土砂を貯留するダムでそれを抑止する」という、もって回った因果関係を治山事業の法的根拠としている。あくまでも災害防止ではなく、森林の維持回復が目的なのである(4)。

こうした治山事業の「木に竹構造」は、林野行政に強い影響を与えてきたと私は考えている。なぜなら、治山事業は森林整備が目的だから、それが防災に貢献しないと指摘されると、林野庁は困ってしまうからである。5・5（155ページ参照）で述べた岡山県でのため池問題において、県当局と平田徳太郎が、山本徳三郎の「森林の水源枯渇論」を否定せざるを得なかったのは、この木に竹構造があることによって合理的に説明することができる。すなわち、荒廃地を森林に戻した場合、現実には川の流量が減るのだが、それによって森林水源涵養機能が否定されたら、それを目的とする治山事業が成り立たなくなるからである。

ところが、竜ノ口山試験地での研究などで科学的結論が得られた現在でも、林野庁は、水源涵養機能を森林整備の基盤的な目標のひとつとして重視している。実際、国民に課せられている森林環境税は、「森林の有する公益的機能は、地球温暖化防止のみならず、国土の保全や水源の涵養等、国民に広く恩恵を与える」（林野庁ホームページ）ことが根拠であるとされている(7)。よって林野庁としては、森林が川の水を減らすという研究成果を国民の前で説明することは、寝た子を起こしてみずからの首を絞めるブーメラン的愚策にみえ、躊躇《ちゅうちょ》せざるを得ない。森林政策における水源涵養機能の重視は、科学的な研究成果よりも建前が優先されてきた歴史的経過に原因があることを、ここで強調しておきたい。

7・4 高度経済成長がもたらした社会のひずみ

繰り返しになるが、江戸時代における水害や土砂害の対策は、堤防の修復や河道にたまった土砂の浚渫、森林利用で荒廃した水源山地の囲い込みなど、「維持回復事業」の範疇にはいるものがほとんどであった。対策工事によって水害や土砂害が起こらないことをめざす「改良追求」目的の事業は、土木技術が発展した明治期以降に拡大したのである。ただし、その対策によって守られる対象は、経済が発展してゆく川の下流の都市であり、上流の農村地帯では、森林に依存した暮らしを続けていたために、従来どおりの維持回復事業が主に行われていた。

前節で強調した、森林政策における「木に竹構造」は、水源山地の荒廃地の緑化復旧という伝統的な維持回復事業を法律上の目的としながら、下流の水害・土砂災害の改善をねらう改良追求事業の中に治山事業を押し込んだことに由来する。だが、この「木に竹構造」は、単に治山事業の建て付けの特異性を示すものではなく、現代の災害対策を含む国土計画全般における下流重視と上流軽視という根深い問題につながるのではないか、と私は考えている。本節では、この問題を考察する。

戦後の復興から高度経済成長にかけて、木材が重要な役割を担った。木材は、まず国内から調達された。ところが里山は長く農民の生活と生産に使われ、さらに太平洋戦争末期には樹木の根まで持ち出されたので、木材を供給できる状態ではなかった。そのため、奥山の成熟した広葉樹林が日本の経済発展を支えた(8)。この拡大造林政策においては、奥山に広がるブナ林などの広葉樹天然林が伐採され、スギ・ヒノキ人工林に転換された。本来なら、伐採による森林の山くずれ防止機能の低下が問題となるべきなのだが、むしろ経済発展が優先された。つまりもともと科学的根拠のあいまいな水源涵養機能が掲げられ、そのためには、老齢過熟林を人工林に置き換えて管理する方がよいという、「予定調和論」が国によって流布されたのである(9)。

国会記録を見ると、林野庁長官を務めた石谷《いしたに》憲男は自由民主党参議院議員として、国有林のさらなる伐採やソ連材の輸入促進を、古巣の林野庁に迫っている(10)。当時の政権が、経済発展を森林の防災機能に優先し、その方針を推進するために森林の事情をよく知る林野庁経験者を利用している点に、十分注意いただきたい。4・5で引用した河川局長経験者の足立敏之が、八ッ場ダムができたから水害から首都圏が守られたと胸を張るのとの明らかな対比は、興味深い問題を提起する。

つまり、経済の基盤となるインフラを整備する国交省が、近藤徹の言う「安全性向上の哲学」に基づいて河川整備事業を行うことは、経済発展という国の政策の基盤的理念に整合する。一方、林野庁は、経済発展の理念に沿うことと、水源山地に広がる森林を管理するみずからの義務との間が、うまくつながりにくい。よって石谷憲男のような林野庁長官を経験した国会議員には、出身官庁が国の基盤政策によって追い詰められないようにする調整力が求められた。議員個人の主張や行動にまで、木に竹構造がみられるのである。こうした林野庁の特徴は、結果的に、現在の日本における人工林の異様な年齢構成を作り出した。その経緯をみてゆこう。

1960年代には、奥山の拡大造林に加え、燃料革命により利用されなくなった里山も植林が進んで人工林化された。また、国産材では成長する経済を支えきれず、石谷の主張どおり、1961年には「木材価格安定緊急対策」によってソ連や東南アジアからの木材の輸入が進められた。その結果、1960年に87%であった木材自給率は1970年には45%となり、10年間で半減した(11)。70年以降はさらに外材の割合が増加した一方で、国産材の価格は低下して伐採が行われなくなり、里山の二次林も人工林も放置され、樹木は成長し続けた。こうして人間活動の圧迫がなくなったため、里山における地球と生物の相互作用は図7・2(206ページ参照)のボールを右に移行させてゆくことになった。私の住む京都を囲む山でも、アカマツ林や落葉樹林からシイなどの常緑林に移行している。景観としてはマイナスとされているが(12)、人間のいなかった時代の生態系への移行であるとみなすことができる。こうしたローカルな里山の変化の背景には化石燃料利用の拡大があったため、地球全体の相互作用のボールは左に移行し、地球環境問題が深刻化したのである。

こうした社会と自然の環境変化を受けて林野庁は、環境問題重視の世論にも気を配って、従来の木材生産と水源涵養機能の予定調和論を引っ込めた。つまり、森林政策の重点を公益的機能の発揮へと転換することにし、２００１年には森林・林業基本法を改正した。しかし、１９６０年頃に植林された人工林が成長して木材としての伐採適齢期に達してくると、２０１０年、林野庁は「林業の成長産業化」を掲げ、再び国産材生産を重視する政策に転換するようになった(13)。このように林野庁の考え方が揺れ動いた結果、日本の森林面積の４割を占める人工林の年齢分布は、１９５５年から１９６５年頃に植林された樹木が半分以上を占める異様な年齢構成になってしまっている(14)。平準化された年齢構成が持続的林業にとって望ましいのは言うまでもない。しかし日本の人工林の年齢構成は、主として戦後の経済成長に必要な木材供給圧力に引きずられ、「樹木成長に必要な50年の時間スケール」で考える計画性を欠いた政策の結果を無残なほどに表現している。

以上の経過をみると、「教条主義的」な安全性向上の哲学を掲げる国交省の河川整備政策とは違って、森林・林業政策には「芯」となる哲学が乏しいことがわかる。むしろ、木材生産、災害防止、国民の森林への愛着など、多様な考え方のいずれにも迎合しようとする「八方美人的」な性格が認められると言わざるを得ない。そしてこの現状は、徹底した下流の都市経済の発展だけを目的として水源山地を利用してきた、国の国土計画の悲劇的失敗を反映しているのである。

さて、経済発展に取り残された上流の農村における生活は、1960年代の燃料革命によって、ようやく森林依存から化石燃料を利用した暮らしに変化することになった。しかし、そこでの余剰人口は、高度経済成長が進行していた都市の経済活動の発展を支えることとなり、都市と農村の経済格差はかえって拡大することになった。つまり、若年を中心とする人口の流出は、農村共同体を維持していたレジリエンスの限界点を越えたのである。そして、里山の森林に依存する共同性によって何とか崩壊を免れていた農村が、いっきに解体されていった。1963年の全国的な豪雪、各地で発生した水害・土砂害は、「被害復旧は不可能だ」とのあきらめの気持ちを人々にもたせるきっかけになり、長く農業を支えてきた集落共同体の団結構造の崩壊による過疎化が進行した(15)。こうした上流の農村が置かれた社会背景も手伝って、河川整備事業におけるダム建設は加速していった。河川管理者の用地買収工作は、下流の水害を防ぐ「安全性向上の哲学」を大義とする直接的な共同体解体の強制を意味していたのである。今に続く「国土の強靭化と過疎化の同時進行」は、こうして始まった。国は、石原伸晃《のぶてる》が環境大臣時代に発した「最後は金目でしょ」という本音にみるように、この問題の深刻さについて今も決して反省していない。

社会学者の見田宗介《みたむねすけ》は、この時期の農村の苦悩を、「日本の近代化の中で、〈都会〉のために、正確には都市の資本のために、安価な労働力をだまって供出しつづけてきた、『潜在的過剰人口』のプールとしての日本の村々、国内植民地としてのまずしさのうちに停滞せしめられ、しかもその共同性を風化、解体せしめられた辺境の村々の社会的風土」と的確に表現している(16)。

7・5　安全性向上の哲学と荒廃する日本

水害対策に話を戻そう。

地球活動が根本原因で発生する自然災害は根絶できない以上、安全性向上の哲学を金科玉条に改良追求工事を進めることはできない。本書で何度も引用してきた近藤徹は、建設省河川局長として苦労した経験に基づき、ここで述べたような将来の河川整備事業について常に深く憂慮していたと、私は彼の折々の発言から理解している。近藤は、ダム反対や水害裁判が頻発した現実をみて、安全性向上の哲学を掲げることで、事業の推進に貢献してきた。だがこの哲学は、大雨が避けられない以上、決して水害はゼロにはできないということを明確に意識した苦渋の中で生み出されたものだと推測される。長くなるが、彼の発言をいくつか引いておきたい。

今までの治水の哲学というのは、絶対に氾濫をさせない、水害が発生したら、その既往洪水を対象に治水計画を策定して、河川改修事業の規模を拡大してやっていく、全国土の完全治水を目指す。ただし、計画内に基づいてということで、計画を超えたときについては、あまり考えいたらなかったのではないか、何事も計画を大きくして収めていこうということでしたが、少子高齢化時代になるとそうはいかなくなる。（中略）防御対象を選択して、限られた資源を集中する必要があるというものの考え方になってくるのではないか（17）

コンクリートに代表されるインフラは国民生活の安全と利便性の向上に資するもので、国民社会の資産を創出するもので、単なる経済財政政策ではないのに理解されていない。（18）

日本は、いまこそインフラの維持更新をしておかなければ、20年後、大変なことになると言われています。「荒廃する日本」にならないためにも、検査技術、補修・補強対策技術の開発を進めていかなければなりません。（19）

近藤の憂慮は誠にもっともであり、多角的にかつ深く考えられている。温暖化による降雨規模が大きくなってきたことが実感され、川の上流域の過疎化が進む現代において、防災インフラは持続可能な社会にとって重要な役割を果たさなければならないのは言うまでもない。だが、少子高齢化が進むなか、現状のインフラの維持更新が必要である厳しい現実と、国民生活の安全と利便性の向上のために、インフラを増やしてゆく安全性向上の哲学に基づく河川整備事業とは、すでに両立しにくくなっている。さらに言えば、こうした事業を反省なく続けてゆく場合の結末は、上流域を持続可能な社会から除外してしまい、近藤の期待する「国民生活の安全と利便性の向上」とは真逆に、むしろ彼が回避したい日本の国土全体の荒廃をもたらすのではないだろうか。

仮定の話ではあるが、首都圏の水害に対する安全性向上のために莫大な予算を付け、利根川の河川整備計画をカスリーン台風時のピーク流量を氾濫なく流せるように設計したとしよう。そのためには、いったん中止された沼田ダムを復活させるなど上流域に多数のダムを増設し、さらに、江戸幕府が河道を人工的に東京湾から銚子に付け替えたために、狭いまま残されている下流の河道を拡張するなどの、国土計画の大幅な変更をともなう大事業が必要になる。しかし、現実にはそこまで大規模な工事はできない。その理由は財政上の問題だけではなく、国交省自身も、国土を利用計画する広い視野からの多角的な検討を行った結果、その事業計画は実現不可能な「絵に描いた餅」に過ぎないと判断したからではないだろうか。

そこには、地球の限界は必ずしも意識されていないにしても、用地買収にかかる膨大な経費と労力、自然破壊の観点からの世論の反対など、多くの問題が間接的にかかわってくる。だからこそ、3・8（118ページ参照）で詳述したように、河川整備事業における目標流量をカスリーン台風時のピーク流量2万1100㎥／sや基本高水流量2万2000㎥／sではなく、20~30年で達成できる現実的な数値1万7000㎥／sに、ダムの貯留効果により得られる河道目標流量を1万4000㎥／sに落とす工事計画を発表せざるを得なかったのであろう。客観的にみて、改良追求事業を行う安全性向上の哲学は、地球の限界によってすでに否定宣言が下されているのである。

7・6 改良追求から維持回復の水害対策へ

地球システムの有限性が強制的に人間社会に影響を及ぼすことについては、人新世の現代では、すでに常識になってきている。例えば、公共政策を専門とする広井良典は、「人類史には、拡大・成長の時期と定常な時期が見出せるが、現代は、環境や資源の『有限性』に直面する中で、新たな『地球倫理』と呼べるような新たな定常化へ移行する時期にあたっている」と指摘している(20)。見田宗介も、地球全体の人口増加の伸びが1970年以降はにぶってきたという統計結果を挙げ、同様の警告を発している(21)。地球環境問題が意識される以前、日本の燃料革命・高度成長が進んでいた時代に、地球は人間に対して、すでにブレーキをかけていたとみなければばならない。したがって、自然災害の対策も、この限界を意識するように修正が迫られているのである。

顧みれば、第1部の1・7で紹介した大和川の付け替えという「改良追求事業」では、意図した改良目的に加え、マイナスの影響がさまざまなかたちで表れた。新河道周辺の水田ではため池が河道につぶされたのに、大和川から代わりの用水を引くようには配慮されなかったし、柏原から北へ延びる旧河道付近でも水田面積の拡大によって用水不足が発生した。それで地域間の利害紛争が激化したのである。また、水源山地は強度の森林利用によってはげ山化が進んでいたから、大量の土砂が河道と河口に堆積することは、付け替え以前から予想されていた。河村瑞賢はだからこそ、付け替えに反対していたのであろう。実際、深かった堺港が土砂で埋まるようになり、さらに付け替え以前は、大坂と堺の往来は自由であったのに、付け替え後は大和川を越える橋一本に制限されたため、経済都市・堺に衰退がもたらされた。

要するに、水田に必要な水資源と生活に必要な水源地帯の森林いずれもが限界状態に近いのにもかかわらず、大和川の付け替えで水田面積を増やすという改良追求を行ったために、さまざまなマイナスの波及効果が発生したのである。

図7・2によれば、人間活動が割り込んでも、限界点から十分に遠い右側にボールがあるなら、改良にともなう波及効果は無視できるかもしれない。だが、江戸時代におけるローカルな

相互作用であれ、現代における地球規模の相互作用であれ、ボールが限界点に近づいている場合には、相互作用の維持が困難であるという問題が支配的になって、マイナスの波及効果が表れやすくなる。したがって、改良追求を高く掲げて事業を推進することは非常に危険である。なぜなら、改良を望む強者が被害を受ける弱者を押しつぶす結果になりかねないからである。地球規模で限界点に近づいている現代において、荒廃する日本にならないためにはどうしたらいいのか。近藤徹の憂慮は、まさしく私たちが直面する現実なのである。

その解決策は、河川法や河川砂防技術基準に示される改良追求ではなく、むしろ森林法の奇妙な建て付けに残されてきた維持回復の理念の中にあるのではないだろうか。地球活動と生物活動の相互作用が限界点に近づいている人新世の現代における望ましい災害対策は、現在私たちの暮らしを支えているインフラが機能を発揮し続けるように維持し、壊れたり劣化したりしたインフラを修繕して元の機能を回復させることであろう。

第2部で説明したように、強固なレジリエンスをもつ森林は、大陸奥地に湿潤気候を、地殻変動帯の山地斜面に土壌層を成立させている。この自然環境は巨大で複雑であるため、明らかに、人間が改良追求できるような対象ではない。森林と地球との相互作用を何としてでも維持させるように、限界点を越えるような破綻を食い止めなければならない。それゆえ、林野庁は、経済発展と環境保全を横目で見て右往左往する八方美人的政策を撤回し、森林機能の劣化抑制を森林管理の哲学として掲げるべきである。

河川整備事業においても改良追求を控えて現状のインフラの劣化防止を重視する、維持回復事業へ転換するべきである。もしも、流域治水を進めるために、国が上流の農地を遊水地にして下流の都市を守るという選択を強行するなら、国民を飢えさせないという国の最低限の基盤的な義務のネグレクトでしかなく、持続可能な社会の破壊政策だと言わざるを得ない。

繰り返しになるが、立場が違えば利害が異なるのは当然であり、災害対策における対立そのものがなくなることはないだろう。それゆえ、多角的な検討によって調整する議論の場を常設することが必要で、対立は叡智を集めて個別案件ごとに乗り切ってゆかざるを得ない。インフラの維持回復に努めることなら大きな対立は生じにくい。そこに対立回避のヒントがあると考える。

しかしながら、日本の現実は、その方向からますます遠ざかっている。現代社会における固定した対立という問題をむずかしくしている原因は、立場の違いにあるのではなく、国の政策における改良追求の固執にあると言わなければならない。

第8章　望ましい水害対策への道

8・1　絵に描いた餅にしないための水害対策

地球は生物活動と相互作用を交わすことで、45億年にわたる長い歴史を歩んできた。その相互作用の代表的な例としては、光合成植物による炭素固定によって大気中の二酸化炭素濃度を減らして地上気温を低下させたことが挙げられる。現代は、その地球史において、人間活動の拡大が地球システムに影響を与え、人新世という地質学における時代区分が与えられるようになった時代である。それゆえ、人新世もまた、生物の一種である人間の活動との相互作用によって作り出された「地球の歴史のひとこまに過ぎない」といえる。

地球はこの人新世という一時代を経て、その原因を作った人類の絶滅後も、歴史を刻んでゆくであろう、これに対して私たち人類は地球と比較してあまりにも弱い存在である。このまま推移すれば、人間活動の拡大によって生じてきた地球活動と生物活動の相互作用の変化によって、人間社会の持続性が失われてしまうだろう。それゆえ、人新世において最も重要なことは、社会の持続性を将来につなぎ、人類の絶滅をできるだけ先延ばしにする智恵を獲得してゆくことでなければならない。自然災害に対する対策も、人新世においては、こうした人間社会の持続性を強く意識したものであることが求められる。

すでに第7章で、こうした地球システムの性格をふまえた望ましい水害対策として、次のような具体策を提案した。

① 根絶できない自然災害の対策においては、現状のインフラの劣化を防ぎながら、改良追求を控えて維持回復を図ることを優先するべきである。

② 立場が違えば災害対策において利害が異なるのは当然なので、広い視野からの多角的な検討によって利害調整を行う議論の場が継続的に必要である。

人新世の水害対策はこうした点を基本に置くべきだと私は考える。しかし、こうあるべきだという理想を掲げるだけでは「絵に描いた餅」に過ぎず、望ましい方向への転換はもたらされない。だからといって、河川管理者にとって理想的とされてきた改良追求の水害対策もまた絵に描いた餅に陥っている。要するに人新世は、地球限界に制限されるがゆえにどのような災害対策も厳しい現実に直面するほかはないのである。そこで本章では、第7章で提起した望ましい水害対策を絵に描いた餅に終わらせずに実現させるにはどうしたらいいのかについて、考えてゆきたい。

8・2 改良追求欲求と限界点越えの危機

「改良追求欲求」は人間に固有のものであろう。一方、「維持回復欲求」はレジリエンスに基づいており、人間・動植物・微生物を含む生物すべてに普遍的な欲求である。

そもそも水害対策において、自然がもつ限界点を意識して、現状インフラの維持回復を優先すべきであることは、江戸時代であっても、人新世である現代も共通している。維持回復対策は、生物の一種である人間がもつレジリエンスによって逆境に耐えることと密接につながっているからである。一方、改良追求欲求は、人間の歴史とともに拡大してきたものである。

哲学者の柄谷行人《からたにこうじん》は、欲求が拡大してゆくことが資本制の展開には不可欠であることを指摘したうえで、資本家がもうけをどこまでも得てゆくためには、技術革新が必須であることを強調している(1)。この柄谷の指摘に従えば、現代の資本制社会がスムーズに回転するには、科学研究の発展がこれを支えなければならないということになるだろう。科学と資本制社会とは車の両輪として支え合いながら発展するのである。とはいえ、資本社会においての改良追求は消費者の喜びを生み出す面があるにしても、逆に欲求を掻き立てて購入を脅迫している面も否定できない。欲求を満たすことは必ずしもみずからの自由な選択ではないわけである。だとしても、現代において、改良追求欲求が重要な資本制社会のエンジンであることは間違いない。

そこでさらに、この欲求のベースにある「選択の自由」の問題について考えてみたい。

経済学者の安冨歩《やすとみあゆむ》によると(2)、西欧の文化においては選択の自由が尊重されるが、それは同時に、私たちがその選択の結果に責任をとらされるということでもある。安冨はさらに、実際の意思決定は、自分が置かれた環境の中で無意識的に「そうなってしまう」のであり、また選択の結果は複雑な社会の中で思いもよらない結果を生み出すことも指摘している。

選択の自由に関しては、見田宗介はそれがもたらす喜びの重要性を指摘している(3)。見田によると、戦後の冷戦が1990年頃にソ連の崩壊によって終了したのは米国がソ連を軍事力で上回ったからではなく、『自由世界』の、情報と消費の水準と魅力性であり、いっそう根本的な所では、人間の自由を少なくとも理念として肯定しているシステムの魅力性」にあったからだと述べている。だから、「〈自由〉を原理とする社会でない限り、たとえどのような理想と情熱から出発した社会であっても、必ず新しい抑圧のシステムに転化する」(3)。つまり、人々は自由に欲しいものを選べる社会を心から望むのである。

けれども、自由な選択の結果が、資源やエネルギーの消費を拡大させ、地球活動と生物活動の相互作用の維持を困難にし、人間社会の破綻につながる限界点越えの危機をもたらしていることも確かである。つまり、選択が社会のすべての構成員によるものであって、自由な選択の総和としての悲劇（環境破壊）が巨大過ぎて、誰かが責任をとれるような範囲を超えるということを意味している。しかし、自由な選択と巨大な悲劇とに因果関係があること自体は、西欧文化の中で広く認識されているがゆえに、その認識によって選択当事者には心の中の葛藤が生じる。

その葛藤があるためか、持続可能な社会の実現をめざし、地球の限界を社会にフィードバックさせるべきだと主張する、フューチャーアースという国際活動が西欧から生まれてきた(4)。ほかにも3・11の福島第一原子力発電所の事故から得られた核エネルギーの危険性への反省は、当事国の日本ではなくドイツにおいて原発停止の決断をもたらした。また、グレタ・トゥーンベリを代表とする若者らは、温暖化などによる将来世代の破綻への限界点接近を意識して、持続可能性を尊重した政策を政治指導者に対して要求している(5)。こうした活動の成果が十分得られたとはとうていいえないが、西欧の政治家・官僚に一定の心の葛藤を与えていることは間違いないだろう。

8・3 立場の死守と「木に竹構造」

西欧と異なり日本においては、選択の自由が責任をともなうという考えは、単なる建前に過ぎない。再び安冨歩の指摘を参照すれば、日本における責任とは、「どんなに嫌でもその場にとどまり、与えられた『役』を果たすこと」である(2)。したがって、河川整備事業のような改良追及の試みが実際にはうまくゆかなかったとしても、立場に基づく「役」を守るかぎり、失敗の責任が問われることはない。まさしく役人は、組織の中で役を果たせば「お役目ご苦労さま」なのであって、事業の選択が悲劇を引き起こす危険性については責任がないのである。3・11の原発事故があっても、それは一過性の事件に過ぎず、責任は誰も負わないことが明確だからこそ、安心して原発を再開でき、汚染水を海洋に放出できる。

さらに日本では、選択の自由によって事業が推進されるのではないことにも注意したい。安冨の言うように、自分が置かれた環境の中で無意識的に「そうなってしまう」のであり、実際に人々は「やむを得ない選択だ」と認識している。西欧のように、起こり得る悲劇を選択にまで立ち返って吟味するならば、その葛藤が反省をもたらす可能性がある。けれども日本の場合、さまざまな政策は、政治家・官僚がみずからの立場を守る「日常的な惰性」の中で決定されてゆく。悲劇が現実に起こっても、「役目上やむを得なかった」「ご心配をかけたのなら不徳の致すところである」など、適当なことを言っておけば免責される。選択する前から免責されることがわかっていて葛藤がないから、選択の自由は建前を超えるような意味をもたないのである。

なぜ日本では立場を守ることが尊重されるのか。江戸時代の里山における限界点付近での維持回復に腐心してきた歴史に、そのルーツを求めることができるだろう。先述したように、当時は生活が里山の森林に依存していて、共同体の強固なレジリエンスと選択の不自由によって、限界点を越える破綻がかろうじて阻止されていた。共同体の一員としてまわりに同調する「立場」を堅持することで、共同体の強いレジリエンスが発揮され、領主層や近隣の村々との立場の違いに基づく対立や紛争を乗り切ることができたのである。ところが開国によって経済発展と技術の改善が可能になり、維持回復のうえに改良追求がのっかった「木に竹をついだような構造」が生じた。そして林野庁は、江戸時代の維持回復の精神を森林法という法律に残し、改良追求という省庁横並びの政策に対して「木に竹構造」で対応したのであった。

ここで、第1章で紹介した大東水害裁判を思い出してみよう。河川管理者を代表する役目を担わなければならなかった谷口光臣は、弱者である被害者からの水害発生の瑕疵責任の追及を、全力を挙げて退ける「イヤな仕事」を立場上心ならずも引き受けさせられた。苦労を重ねてようやく最高裁で勝訴して立場の責任を果たし、建設省と法務省の幹部から「お役目」をねぎらわれたわけであるが、谷口は「帰りの新幹線で、涙を流しながら富士山を眺め、チビリチビリやっていたのを、今でも時々思い起こします」という感想を語っている(6)。この感想は、みずからの役目を守った安堵と、その結果として起こる水害被害者の悲劇に対する感傷との入り混じった心の内を、如実に表しているといえよう。

ここで重要なのは、裁判での安全性向上の哲学に基づく河川整備事業における改良追求の建前と、担当公務員の立場の関係である。つまり、谷口の感傷は、管理者の立場を守る「木」に建前の「竹」をついでいる無理から生じている。谷口が所属する河川管理者を束ねる国の組織(当時は建設省河川局)は、裁判で被害者の訴えを退けてでも改良追求事業をつつがなく推進する方針を決して譲ることはない。事業の教条主義を個人としては単なる建前(すなわち「竹」)として受け止め、立場上の役目(すなわち「木」)を守り抜いたため、やさしい心をもった谷口は、ここに含まれる不条理に感傷を抱いたのである。

4・3(131ページ参照)で取りあげた肱川水系のダムで緊急放流を担当した公務員もまた、同様の苦しい立場に立たざるを得ないだろう。こうした管理者と利害関係者の固定した関係を改善するにはどうしたらいいのか、という検討が一切なされない国の教条主義の下、担当者の立場はいつまでも不条理なものであり続けるのである。

本書で改良追求事業の維持回復事業への移行や多角的な検討を提案している理由は、将来の持続可能性を損ねる限界点越えを、水害対策において考慮しなければならないという問題があるからだけではない。建前と実質の乖離という「木に竹構造」に由来する不条理が人間個人を限界まで追い詰めることもまた、改善すべき大きな問題だと認識するからである。

8・4 改良追求の自主的な抑制をめざす試み

こうした日本特有の問題は、本書で用いてきた表現によれば、現在の改良追及欲求の影響が予期せざるところに波及し、将来の社会に負担を強いる結果につながる、という因果関係を事実上無視できるところから発生するといえるだろう。そのため、「自由な選択に基づく改良追求の結末としての限界点越え」という現代の問題点は、日本文化の中では人々にまともに受け止められない。

改良追求が維持回復に優先するかぎり、災害対策は、固定化された対立の緩和や持続可能な社会の実現に貢献することはできない。この貢献を可能にするために、改良追求という人間欲求を自主的に抑制することはどうしたら可能か、という課題を提起する。見田宗介の言うように、選択の自由の強制的な抑制は「抑圧のシステム」を生み出し、現代において最も否定しなければならない人権の侵害にあたるからである。

とはいえ、強調しなければならないのは、これまでの安全性向上の哲学を掲げる河川整備事業が、例えば、ダム用地提供者などの不利益をこうむる弱者の、みずからの生活を維持回復しようとするレジリエンスに支えられてきた面があることである。ここで弱者にはたらくレジリエンスは、人間を含むすべての生物の普遍的な性質に基づくものである。だからといって、今後の河川整備事業が、弱者のレジリエンスに頼って、強者の改良追求欲求をかなえるものになってはならない。では、強者の欲求を自主的に抑制することで可能になる利害関係の緩和はどうしたら実現できるのだろうか。

人新世における災害対策に必要な改良追求の自主的抑制は、将来世代における社会の持続可能性という問題意識と密接につながる。これを意識した試みはすでに始まっているので、紹介したい。

水文学の谷口真人は、地球環境問題を知識の共有と価値の合意が難しい「厄介な問題」ととらえたうえで、「持続可能な社会への転換のための知（『智』と書く方がふさわしいだろう：引用者注）の欠如が、複雑で利害関係の大きな『厄介な問題』の解決を阻害している」ことを指摘している(7)。災害対策は地球環境問題と同様、厄介な問題のひとつにほかならず、改良追求の自主的抑制は、この問題の解決というテーマに重なり合うものである。谷口の言う「持続可能な社会への知」とは、科学によって得られる知識の集積だけを意味するものではないだろう。社会において利害関係を複雑にしている諸原因を取り除く手法が「智」であり、それが未だに得られていないことが、厄介な問題の解決を阻害していると考えるべきである。

谷口は、厄介な問題に取り組むためには、科学と社会の連携による「超学際研究」が必要であると指摘している。日本学術会議によると、超学際研究は、「科学者コミュニティーが科学者以外の社会の様々な関係者と連携・協働して、新たな智の創出を行う研究と実践活動」と定義される(8)。本書で紹介してきた淀川委員会は、早い時点における超学際研究の実践だと評価できる。流域治水も協働を掲げているから、超学際研究に位置づけられなければならない。だが、ここで再び、望ましい災害対策であっても、実現がむずかしいという身もふたもない問題にぶち当たる。

この問題は、「将来の持続性ある社会の実現のために現在どうすべきなのか」について、私たちが十分にリアリティーを感じていないことから生じているように思われる。この点について、実験社会科学を専門とする西條辰義は、「フューチャーデザイン」の活動を提唱している。西條は「将来世代の資源を奪うことで現世代の豊かさを維持している」と述べ、この状況を何とかしなければならないと考えている(9)。まさに、本書における改良追求がもたらすテーマにつながる問題意識だといえよう。西條によると、人間は、外的要因そのものの大きさよりもその変化に反応しやすい「相対性」、目の前にあるものをすぐ食べることが我慢できない「近視性」、将来に悪いことよりも良いことが起こると期待する「楽観性」などの特性をもっている。そのため、持続可能な将来社会実現の優先度は低くなってしまうのである。

こうした問題意識を基に、フューチャーデザインでは、「持続可能な社会の実現のため、『ヒトの考え方』そのものを変える」必要性があるとし(9)、仮想将来世代という社会の仕組みを導入することを提案している。つまり、みずからを将来世代に置くことから現世代を見直す仕組みを導入して、世代間利害対立を乗り越えた意思決定をめざそうとするものである。フューチャーデザインの実践がうまくいくかどうかは不透明ではあるが、少なくともその手法は、改良追求欲求を抑制して厄介な問題を解決しようとする具体的な試みとして興味深い。

8・5　災害対策の展開をはばむ利己主義の問題

このように災害対策にフューチャーデザインを適用することにより、数十年程度の将来に自分を置いてその時点から現在までを振りかえれば、地球活動の極端な変動の結果として災害が起こる可能性が高いことを理解することは可能だろう。それゆえ、温暖化抑制や森林生態系の保全の必要性も災害対策の視野にはいるはずである。しかし、望ましい姿を頭で納得することはできても、将来の世代の人々の立場になって現在の欲求を抑制するのは、やはりむずかしい。現在と将来との世代間の利害調整を行うと、利己主義によって現在が強者、将来が弱者に位置づけられ、フューチャーデザインの手法は有効にはたらきにくい。人間のもつ利己主義の問題が、望ましい対策の実践をはばむからである。

水害においては、突如、被害者の立場に陥ったり、その対策のために先祖伝来の土地をダムに提供する立場に追い込まれたり、ということが起こり得る。しかし、多くの人々は、このような深刻な立場ではなく、「水害がなくなればそれに越したことはない」という漠然とした利益を想定する立場に立っている。だが、同じ人物がさまざまな立場に立つ可能性があることに注意したい。まさしく、2・6で引用した近藤徹の発言、「自然保護を強く要望している人が、水害訴訟になると口裏を返して河川管理がしっかりしていないからじゃないかというようなことを言って、何らそこに矛盾を感じない」(10)ことが現実にあり得るし、それは個人が利己主義に支配されるからだと理解できる。特に日本では西欧と比べて、この矛盾に関する葛藤が立場重視の文化によって表れにくい傾向があることは、すでに述べたとおりである。

このように立場によって主張が変わってしまうため、漠然とした「多数の強者」の利益を満たすことが優先されやすい。その結果、「少数の弱者」はレジリエンスに基づいて逆境に耐えるしかないということになってしまうのである。それゆえ、利己主義を背景とする多数決の原理が広い視野での多角的な議論による利害調整を押しつぶしてしまい、結果的に、改良追求に基づく現行の河川整備事業が、大きな支障もなく推進されてしまうのだと解釈できる。

8・6　遺伝子複製の原理からみた人間の利己主義

ここまで、望ましい水害対策が容易に達成できないのは、私たち人間が利己主義を克服できていないため、弱者の忍耐に支えられて、強者の欲求が満足するように対策事業が進んでゆくためであると考えてきた。これを何とかしないかぎり、本当の意味での解決には至らない。そこで、利己主義について、さらに突っ込んで考えてみよう。

利己主義はたしかに人間特有の性質に違いない。では、ほかの生物にも見られるさまざまな欲求がどのように人間の利己主義に発展してきたのだろうか。これは、災害対策における改良欲求の自主的抑制はいかにして可能かというテーマに、密接にかかわるものと考えられる。そこで、見田宗介が真木悠介の名で著した『自我の起原』と題する書物の内容に学びながら(11)、現代の進化論から得られる利己主義の意味について、考察してみたい。

現代生物学においては、遺伝子が自己と同じものを複製することを基礎原理として、生物の行動や進化が説明される。それゆえ、自分の遺伝子をもつ子どもを残すことが、生物活動全体の基礎として決定的に重要である(12)。無性生殖では自己の遺伝子はそのまま子どもに引き継ぐことができるが、有性生殖では、生殖相手の遺伝子がはいるので、そうはならない。その一方、有性生殖は環境変化に適応できる可能性が圧倒的に高くなる。

生物進化学の権威リチャード・ドーキンスは、「生存する個体はすべて、その発生過程を通して、遠い過去の世代まで、それを構成した膨大な数の個体を通して系譜を辿《たど》ることのできる遺伝子群によって造り上げられている」と述べている(13)。つまり、生物個体は、栄養を取り、環境の変動に対して自己を一定状態に保つというホメオスタシスの性質により、生き延びることで子孫を残そうとする。だが、その行動においては、みずからを犠牲にしてほかの個体を助けるような利他的な事例も多数みられる。例えば、社会性昆虫であるアリにみられるワーカー(働きアリ)は、母である女王アリの産んだ弟や妹にエサを運び献身的に世話をするが、自分の子どもを残すことはしない。他方、ライオンの雄は、雌と子どもの群れを率いている雄と闘って勝利すれば群れの乗っ取りに成功する。その後は、先代の雄が産ませた乳児を殺して自分の子どもを雌に産ませる利己的な行動を断行する。こうした利他的または利己的にみえる個体の行動は、原則として遺伝子の自己複製の原理を反映したものだと、生物学では考えられている(13)。

さらに、災害を起こす自然現象にかかわる生物の興味深い進化の結果を追加しておきたい。森林学の北原曜は、樹木の種類による山くずれ防止効果の違いを調べるため、多数の樹種の根の強度を比較する実験を行った。その結果、クロマツなどのマツ類はスギ・ヒノキや多くの広葉樹よりも根が切れやすいことがわかった(14)。その理由は次のように説明できる。クロマツは明るい裸地に侵入してほかの植物よりも早く成長する陽樹である。みずからの樹冠によって暗くなった地面に種子を落としても、成長には光が足らず、暗い環境でゆっくり成長できるヒノキやカシなどの陰樹に負けてしまい、植生遷移の法則に従って、次第に主役を取って代わられる。陽樹のクロマツがこれに逆らって子どもを残すためには、影を作っている母樹みずからが地盤ごと山くずれによって消失することが有効である。新たに裸地を作り出し、自分の子どもを成長させる可能性を高めることができるからである(15)。結果的に、長い進化の過程を経て、切れやすい根の性質（表現型と呼ばれる）が定着していったと推測される。

　また、永久凍土上にカラマツ林が成立している東シベリアでは、子どもを残す環境として、山火事跡がカラマツにとっては最適だということがわかっている(16)。したがって、ヤニが多く燃えやすいという表現型は、山火事跡で子どもを残すのに有利であるために、進化の過程を通じて獲得されたものだと推測される。要するに、現在の地球上に生きる生物種はいずれも、遺伝子の自己複製の原理に基づいて、生存と繁殖に有利な表現型を獲得していったのである。

　ドーキンスはさらに、進化の過程で生物個体が獲得した多様な行動は、遺伝子の作戦に基づく「延長された表現型効果」によって成立したと述べている。すなわち、表現型はマツの切れやすい根やヤニの多さなどだけを指すのではない。例えば、ビーバーは捕食者から自分を守るため貯水ダムを築くのだが、その建設のために必要な木材を調達するのに適した歯がビーバーの表現型であるのと同様、広い貯水池そのものが進化を通じて獲得された、ビーバーの延長された表現型だと、ドーキンスは指摘している(13)。

　真木悠介はドーキンスを引用し、このような生物の行動に関する理解は、結果的にではあるが、個体だけではなく生物種の繁栄につながるばかりではなく、別の種との相互作用を通じて、生物活動全体を支えることにつながっていると考えた(11)。これを私なりに解釈すると、個体、種、生態系という区別は、遺伝子の原理にとってむしろ副次的なものに過ぎず、地球活動の変動に対しては、多種の生物から成る生態系を組み立てることで、強いレジリエンスをもつ森林生態系のような壮大な生物システムが構築されたのだということになる。

　以上の進化論の説明からわかることは、本書で考えてきた地球活動と生物活動の複雑な相互作用のネットワーク（図7・1）が、遺伝子の自己複製の原理に基づいて編み出された延長された表現型の集まった、とてつもなく巨大な生産物だということである。ところが、この進化論の説明は、逆に言えば、人間以外の生物の活動はいかに複雑であろうと、一元的に遺伝子の原理と自然選択に基づいて説明されてしまうということでもある。つまり、先ほど示したようなビーバーのダム建設の複雑な労働であっても、あるいはライオンの子殺しであっても、遺伝子の原理の延長線上にあるだけだという解釈になる。ドーキンスの著書は『利己的な遺伝子』と名づけられている(13)。たしかに、遺伝子はその著書の表現のとおり、自己複製の原理に基づいて利己的にふるまうのだが、生物個体は、一見利己的または利他的にみえようと、ただ遺伝子に操られているに過ぎない。これはさすがに言い過ぎではないかと感じられるかもしれないが、こうした遺伝子の主体性の原理は、人間固有の利己主義を考えるうえでのバックグラウンドとして重要である。なぜなら、次節で述べるように、人間の利己主義は、この原理からの離脱とみることが重要な意味をもつからである。

8・7 主体的な欲求抑制とエゴイズム

真木悠介は、自然選択が遺伝子の自己複製に対してはたらいてきたというドーキンスの生物進化の説明をベースに置き、次のような問いを提起している。すなわち、生物個体は、遺伝子の操り人形とまではいえず主体性をもつのは確かであるが、何のためにそれを選ぶのかを問いつめた時（この問いに対する答えをテレオノミーという）、究極的にはその選択は遺伝子によるとのドーキンスの主張を認めたうえで、「個体がまさしく〈テレオノミー的な〉主体性を生成子（遺伝子のこと：引用者注）から『奪い』、個体自身のものとして確立することがあるか」と問うている(11)。

むずかしい話にみえる。要は、人間であっても遺伝子の自己複製の原理を免れることはきわめてむずかしいのだが、人間は、究極的な主体性を遺伝子から奪ってエゴイズムを確立する歴史を歩んでいけるのだろうか、という設問だと私は解釈したい。この問題意識から考えると、むしろ、利己主義は、遺伝子の原理に逆らって個体独自の意思を貫くこと、と定義し直した方が妥当だと思われる。そこで本章ではこれより以後、「欲求を自主的に抑制することをも含み、主体的に意思を貫くこと」を「エゴイズム」と表現することにしたい。用語を区別した方がよいと考えるからである。

ところで、こうしたエゴイズムの確立のためには、人間がみずからの限界を自覚することが非常に重要だと私は考えている。人間以外の生物には、死という個体生命の限界を意識することがない。後述するように、人間は徐々にこの限界を意識することによって、その強い欲求を抑制する智恵を獲得してきたと考えられる。例えば、最近数十年間に成人男子の喫煙人口は急激に低下したが、この事実は、強制されたものではなく、医学の発展を通じて人々が喫煙によって死が早まることを自覚し、主体的に喫煙欲求を抑制するようになったことを示している。もちろん、人間であっても、その欲求選択の究極的な目的を遺伝子によって操作され、無意識の欲動から逃れられないのも事実である。だが、死の限界が明確に意識されることによって、喫煙に限らず、西條辰義の指摘する欲求の近視性を主体的に抑制し、健康に留意して延命を図る「エゴイズム」が現代ではある程度共有されてきたのである。

災害対策に立ち戻って考えると、改良追求の抑制が人間の自由な選択として可能になるためには、抑制によって「人類の絶滅の限界」を引き伸ばせるという因果関係を意識する必要があるように思われる。だが現代においては、死の限界は自覚されていて喫煙欲求を自主的に抑制できるのに、人類絶滅の限界は自覚されていない。だから、改良追求を意識的に抑制して望ましい対策を実現させることが、現実には容易に進んでゆかないのである。

8・8 軸の時代に始まる有限な自己と無限の世界

自主的に欲求を抑制するには、抑制によって限界に近づくことが回避されることをはっきりと意識する必要があるように思われる。私たちは、死の限界を意識していて、その限界に近づくことを回避するが、死の限界の自覚はそもそもどのようにして獲得されたのだろうか。

人間を含むどの生物であっても、個体は遺伝子複製の原理に順《したが》って、図7・1の地球活動と生物活動の相互作用のネットワークの中に組み込まれている。個々の相互作用においては、相手が特定の意味を帯びる。例えば生物の個体どうしであれば、植物とハチのように、相互作用を交わす相手が延長された表現型としての意味を帯びるように進化してきた。つまり、植物にとってハチはその遺伝子複製の重要な援助者であるし、ハチにとって花を咲かせる植物は巣の中のハチ社会の維持に必要なエサの提供者である。人間も基礎は同じなのだが、言語による抽象化を通じて意識を獲得したところが異なる。そのため、相互作用を交わす相手が死亡した場合に、相手の意味の変化を追求しようとして、その魂が他界へ移動すると考えたりするわけである。こうした死に関する原初的な意識は、やがて死は人間の超えられない限界であるという意識に発展してゆく。これにはかなりの時間の経過が必要であったはずである。

歴史哲学者のカール・ヤスパースは、人間が世界の恐ろしさと自己の無力さを自覚した時代が、世界中のいくつかの地域で同時に訪れたことを指摘している(17)。彼は、紀元前500年を中心とするこの「軸の時代（枢軸時代と訳されているが、本書では見田宗介にならい(18)、このように表現する）」には、中国に孔子・老子が、インドに仏陀が、パレスチナにエリヤなどの預言者が、ギリシャにホメロスや哲学者が現れた。普遍宗教はこの時代に生まれ、現代でも私たちの心の安定を支え続けている。ヤスパースは、「肉体であることで束縛され、欺かれ、衝動の虜《とりこ》となり、もっぱら無明に生きた自己を悟り、解脱と救済をこいねがう、その結果（中略）、とにかく解脱と救済をすでに世界の中で達成しうるのが真の人間である」と書いている。

要するに、死によって魂が他界へ移動するというような神話から脱し、自分のいのちに限りがあって、欲求を無限にふくらませることのむなしさに気づく「真の人間」が世界のいくつかの地域にほぼ同時に現れるようになった。つまり、死による自己の有限性と世界の無限性とを対比させることが可能になったということであろう。もちろん、神話の中に生きる一般の民衆の感覚との距離は大きかっただろうが、ヤスパースは、「個別者が達成したものは間接的にすべての人を変革する」と述べ(17)、軸の時代を経験することで、人々は絶えず精神の緊張を強いられるように変わっていったと考えたのである。

見田宗介はこの考えを受け、軸の時代が交易と貨幣システムの始動期にあたっており、人々の思考が共同体という閉域から解き放されたとして、「世界の『無限』という真実への新鮮な畏怖と苦悩と驚きに貫かれながら、新しい時代の思想とシステムを構築してきた」と述べている(18)。したがって見田の見解は、軸の時代に至る以前は、自分の村と死んでから魂が住む山奥などの他界から成る閉鎖的な空間で生きていたのだが、この時代に、交易・貨幣の交換を通じ、村の外側に暮らす多くの人々とのつながりが生じて視野が広がった。これにより、世界の無限性に気づくことが発展につながっていった、とまとめられる。

以上のように、軸の時代には、人間が死の限界を意識して自己の有限性を悟り、それと同時に世界の無限の広がりを認識できるようになった。それは結果的に、地球と生物と人間の各活動の相互作用から成る世界を深く分析して新しい知識を獲得し、現状を維持するのにとどまらず、新たな知識に基づいて改良追求してゆくという道が拓けていったことを意味する。現代の科学の礎《いしずえ》はこうして築かれたのだと考えられる。

8・9　維持回復事業が優先される条件

見田が言うように、軸の時代を経験することで、人間は新しい時代の思想と社会システムを構築してきた。だが、ヤスパースの指摘したとおり、民衆の意識はまだまだ神話的であり、死んだら地域の土に還るというような伝統的な死生観も長く存在し続けた。

このような死生観に充ちた村では、災害が起きた場合、維持回復工事をしなければならないとしても、改良追求を行うという発想は生じない。第1章で紹介した江戸時代の琵琶湖周辺の村での瀬田川浚渫運動においても、こうした古い時代から続く、現在と将来の継続性の片鱗を見ることができる。というのも、この運動のリーダーは深溝村の庄屋、藤本太郎兵衛であったが、同じ名前を持つ三代がこの運動にたずさわっていること自体が、村社会の持続性を象徴しているように思われる。

つまり、上流にはげ山をもつ大戸川などの支川からの土砂流入によって、瀬田川に土砂がどんどん堆積してゆく現実があり、これを放置すれば琵琶湖周辺の水害はどんどん増えてゆく。これを浚渫によって元のように水の流れを回復すること、これは、世の中の大きな変化がないかぎり、何世代にもわたって持続する欲求である。したがって、被害を受ける農民の欲求には時間的な展開は生じない。維持されるべき水の流れの状態が悪くなるのを元に回復するという維持回復の欲求は、そのままいつまでも変化なく続いてゆくのである。

こうした世代を超えた事業の背景には、実現可能な災害対策が限られていて、改良追求を望むことが不可能であるという、江戸時代の社会の「停滞性」があったことはたしかであろう。軸の時代以降、世界が無限に広がるといっても、それを可能にする技術が発展してはじめて、社会が発展できたからである。実際、技術が革新されなければ、現実的に改良追求はできない。日本では、この改良追求への変革は、主に江戸時代から明治時代に移行する時期に生じたと考えられる。

軸の時代を経て世界が無限に広がることは、人間社会の発展の前提条件になったのだが、同時に、改良が追求され続けることによって利害関係の対立が生み出されることになった。そして科学の急速な発展による技術革新が進むのにともなって、その対立構造はさら拡大した。現代では、この拡大が地球の有限性に遭遇して、地球活動と生物活動の相互作用の維持がむずかしくなるような限界点に近づいてしまったわけである。

したがって、今後は改良追求欲求を控えて維持回復欲求をもう一度見直すことが重要だと私は考える。このふたつの欲求の併存による緊張関係は、軸の時代以降今に続いているのだが、そのまま放置すると相互作用の限界点越えの破綻を招く。見田宗介はこうした欲求併存の問題について、「現代社会の矛盾に満ちた現象は、(中略)『高度成長』をなお追求しつづける慣性の力線と、安定平衡期に軟着陸しようとする力線との、拮抗するダイナミズムの種々層として統一的に把握することができる」と表現している(18)。そして見田は、現代をかつての「軸の時代」と対比させて「軸の時代Ⅱ」に差しかかってきた時代であるとして、今後なすべき課題について次のように述べている(18)。

「軸の時代」の大胆な思考の冒険者たちが、世界の「無限」という真実にたじろぐことなく立ち向かって次の局面の思想とシステムを構築していったことと同じに、今人間はもういちど世界の「有限」という真実にたじろぐことなく立ち向かい、新しい局面を生きる思想とシステムを構築してゆかなければならない。

8・10　軸の時代IIへの軟着陸

すでに現代は、世界の有限性に直面することによって、軸の時代IIに差しかかっており、いつになるかはわからないが、人類の絶滅は射程の中にはいってきたと考えられる。改良追求の問題点を自覚して、相互作用を維持してゆくことが現実的に必要となっていることは明らかである。見田は、軸の時代IIの思想がどういうものなのか、という対談相手の大澤真幸の質問に答えて次のように語っている(19)。

軸の時代Iの思想というものは、ギリシャの哲学以外は、いわば一人の超天才的な教祖による宗教思想から発展していくわけですね。しかし、軸の時代IIの場合は、営みとしては科学に近いような形になっていくのではないでしょうか。

軸の時代Ⅰに死の限界性を人々に告げた普遍宗教の役割は、軸の時代Ⅱにおいては、人類の絶滅の限界を引き伸ばすための科学が担うだろう。この科学は、おそらく、谷口真人の言う「厄介な問題」に立ち向かう、科学と科学以外の社会との関係を常に意識した超学際研究でなければならない。

残念ながら、私たちの社会は、改良追求欲求の抑制を人間の「選択の自由」に基づいて実現するには至っていない。だからこそ、地球、生物、人間活動の相互作用を維持させるためには、超学際的研究の進展が必要なのである。そうしてはじめて、軸の時代Ⅰに個体が直面したような緊張が社会全体をおおうことになり、災害が根絶できないという真実と向き合い、それと矛盾することのない対策が展開できるようになると予想される。

この軸の時代Ⅱへの移行プロセスは、責任をとることを前提とした選択の自由を掲げている西欧社会でも、容易に実現できるものではないだろう。だが、災害対策を含む厄介な問題への超学際的な取り組みにとっては、多角的な検討が必要であること、それ自体は、結果責任を問う西欧社会ではある程度共有できるようになってきたのではないだろうか。資本制社会における選択の自由の追求と人類絶滅の加速の現実とのせめぎ合いを前提に、そこで生まれる葛藤をどう解決するのか。西欧社会ではこのことを考えることから、軸の時代Ⅱへの軟着陸をめざすことになるだろう。

他方、立場を重視する日本社会の中では、立場を守れば結果がどうなろうと責任を追及されることがないので、淀川委員会のような多角的な検討の場を持続させること自体がむずかしい。この不幸な現実の改善がまず先決である。私は、望ましい災害対策は、改良追求を控えて維持回復を優先することだという第7章の結論と、人間は、みずからがもつエゴイズムの力によって人類の絶滅を先に延ばす選択を主体的に行うことが可能であるという本章の結論を、多くの方に認識していただくことを願っている。そして国は、安全性向上の哲学を押しつけるのではなく、このふたつの結論を基にした、広い視野からの多角的な検討に災害対策をゆだねる英断をするべきである。わが国の政権がそうした判断を行うとは当面考えにくいが、軸の時代IIにおける望ましい災害対策を日本に軟着陸させるには、国に対して改良追求から維持回復への変革を常に要求し続けることが重要である。

最後になるが、望ましい災害対策の実現をめざすために本章で採用した戦略について記述しておきたい。この戦略は、現状を分析して望ましい方向性を見いだし、そのうえで将来にその実現を想定するという見田宗介が示した軸の時代IIの考え方に学んだものである。だが、このような手法は、その実現が世代を超えた時間の先にしか想定できないことから、直面する災害対策に追われる実務担当者からは、現実離れした理想論に見える。また逆に、望ましい方向性を強引に押しつけた場合、人権を抑圧する可能性が否定できない。だが、望ましい対策を提案するだけで、これを絵に描いた餅にとどめるよりは、将来像の根拠を提示してそれをめざす方が、実現に向けた歩みを少しは加速できるのではないだろうか。私は、科学が地球の限界性を明示することで改良追求の抑制が必要なことを明らかにしてきたことに希望を見いだしており、現状維持の尊重が重要であることはもはやゆるがないと考えている。なぜなら、「科学によって切り拓く明るい未来」といったたぐいの標語こそ、絵に描いた餅に過ぎないことは、未来の世代にいつまでも負担を与え続ける3・11原発事故の発生を許してしまったことによって、私たちは身にしみて理解しているはずだからである。

みなさまはどうお考えだろうか、「はじめに」で記述したように、災害対策に関する広い視野からの議論に読者が加わられることを、心から念願している。

おわりに

自然災害と戦争を比べると、戦争は人間同士の争いによって起こる。これを止《や》めさせることは不可能に近いが、絶対に戦争廃止が不可能ではないということを前提として、社会科学での議論を展開することはできる。しかし災害はそうはいかない。人間よりはるかに持続的な地球の活動が根本原因だからである。

では、災害対策はどのように対処すればいいのか。

応急的であろうと、とにかく災害がすぐに起こらないように対策をするのは、当然である。しかし、それでその次どうするか、というところで難題に直面する。はっきり言って、この規模の対策をすれば、災害が再発しないとはいえないのが真実である。地球活動は、めったに起こらないものほど大きな変動をともなうので、科学によってどの程度の規模の対策がふさわしいのかを決定することは、不可能なのである。そこで対策手法をあれこれ工夫するのだが、この対策手法のあり方に関する私たちの批判的な議論がまったく未熟であるというのが、本書で言いたいことである。

だからこそ、この根本的な真実を科学者が認識して、どうしたらいいのかを考え、社会に広く発信しなければならないと、私は考える。「超学際研究」のテーマはここにあるだろう。しかし、科学と社会とのフィードバックを繰り返す超学際研究は、日本ではまだ進展してはいない。それどころか、災害や環境問題とのつながりが大きい地球科学・生態学・防災工学をとってみても、それぞれの内部に研究分野が細かく分かれていて、学際的交流が乏しい。

したがって、本書ではとりあえず、災害対策手法として「話し合いの場を常設すること」と、「改良追求の欲求を抑制して現状維持を図る哲学」の2点を提案した。この問題提起は、研究分野間の縦割りの打破がないと始まらないと、私は考えている。特に物理的なインフラ対策を重視する工学、災害を起こす自然現象に興味をもつ理学、社会において災害に絡んで頻発する利害対立を取りあげる社会科学、これらの相互協力が不可欠である。だが、それぞれの研究者のもつ「災害に対する常識的となっている知見」は、一般の方々が驚かれるほど、互いに異なっているのが実態である。

自然科学系学部の卒業生は、関連する行政を運営する官庁や業界に就職し、産官学の強固なムラを構成する。一方、文科系学部の卒業生は、恩師の考えをベースに政権を支えるか、批判的立場に立つかに分かれる傾向がみられるだろうが、いずれの場合も自然科学的な専門知識が不足していたり誤解していたりという問題が否定できない。それゆえ、自然・社会両方の科学分野が共通の土俵で議論することが不可欠なのである。しかし残念ながら日本では、災害対策の方針作りは、産官学のムラに属する専門家が意見を交わすことで済ますことができるという、とんでもない誤解がみられる。これが現状である。

繰り返しになるが、自然科学においても社会科学においてもどうにも扱いにくい災害対策というテーマに関しては、それぞれの学術分野の中での意見交換ではなく、さまざまな専門性をもつ研究者が一堂に会し、みずからの知識に基づき真剣に議論を交わさなければ、妥当な方向性は見いだせない。また、言うまでもなく、実際に利害を受ける住民の意見も尊重しなければならない。だが現実には、そのようなまどろっこしい議論をしている間に災害被害を受けてしまうといった不満も生じる。それゆえ、当面の対策は維持回復の範囲内で当然実行すべきであるが、だからといって何が災害対策として妥当なのかを問う、本質的な議論がかき消されてしまってはならないのである。

災害対策は維持回復を原則とする当面の対策と、今後長期的にどうするかという対策に分かれるのだが、はっきり言って、災害は根絶可能であるかのように思い込む幻想が、問題を抜本的に改善するうえで最悪の障壁となっている。ではどうするか。「進化論」まで援用した、本書のまわりくどい議論は、その問題意識によって行われてきた。それを通じて得られた「軸の時代Ⅱへの軟着陸」というテーマは、私の所属している「一般社団法人縮小社会研究会（代表理事・松久寛：http://shukusho.org/)」のめざしている課題でもある。本書はまた、私の専門である森林水文学の研究分野を超えた考察を多く含み、ご批判をいただくことも多いことだろう。だが、災害対策にとっては学際的・超学際的研究が必須であることをふまえて、不勉強の点をご寛恕いただければさいわいである。

本書を書くことができたのは、これまで森林と水に関して議論を交わしてきた森林林業ジャーナリストの田中淳夫《あつお》さんのご援助に負うところが大きい。また、淀川委員会の委員長を務められた宮本博司さんには、原稿全体を読んでいただき、河川整備事業に基づくサジェスチョンのほか、貴重なご意見をいただいた。さらに、新泉社の内田朋恵さんには、あちらこちらにさまよう私の発想を絞り込むうえで力強いサポートをいただいた。みなさまに心から厚くお礼申し上げたい。

2023年9月

谷　誠

文献一覧　オンラインの出典は、最終閲覧日２０２３年9月25日現在のものである。

第1章

（1）玉城哲・旗手勲１９７４：風土―大地と人間の歴史―、平凡社

（2）古島敏雄１９６７：土地に刻まれた歴史、岩波書店

（3）谷口光臣２００６：大東水害訴訟を顧みて、「大阪の河川を愛する会」講演会 https://www.japanriver.or.jp/circle/oosaka_pdf/2006_taniguchi.pdf

（4）三好規正２０１５：水害をめぐる国家賠償責任と流域治水に関する考察、山梨学院ロー・ジャーナル10、115-163 https://ygu.repo.nii.ac.jp/?action=repository_action_common_download&item_id=3248&item_no=1&attribute_id=22&file_no=1

（5）最高裁判所判例集、昭和53年（オ）４９２損害賠償事件、民集第38巻2号53頁 https://www.courts.go.jp/app/files/hanrei_jp/141/052141_hanrei.pdf

（6）福井秀夫２０２１：大東水害最判基準を踏まえた河川改修の原理―境川金森調節池訴訟を素材として、東京都町田市金森西田スポーツ広場調節池反対運動ホームページ http://kanamorinishidachosestuike.com/20210304huku.pdf

（7）柄谷友香２０１３：水害訴訟をめぐるリスク受容過程と地域再建の方向性―行政と住民をつなぐコミュニケーション・ルールの検討―、復興5（1）、36－45 https://f-gakkai.net/wp-content/uploads/2013/09/07-1-6.pdf

（8）淀川水系流域委員会議事録 http://www.yodoriver.org/doc_list/gijiroku.html

（9）河川整備計画策定の流れ、淀川水系流域委員会 第2回資料
https://www.kkr.mlit.go.jp/river/yodoriver_old/kaigi/iin/2th/pdf/siryou_001.pdf
（10）宮本博司 ２００２：河川行政の転換―今淀川が変わろうとしている―、環境技術31（9）、34-40
https://www.jstage.jst.go.jp/article/jriet1972/31/9/31_9_706/_pdf/-char/ja
（11）今本博健 ２０２１：治水のあり方から考える流域治水の重要性と球磨川水系河川整備計画への提言、嘉田由紀子編著：流域治水がひらく川と人との関係―２０２０年球磨川水害の経験に学ぶ所収、農文協、２０２-２１８
（12）篠原修 ２０１８：河川工学者三代は川をどう見てきたのか―安藝皎一、高橋裕一、大熊孝と近代河川行政一五〇年、農文協
（13）大熊孝 ２０２０：洪水と水害をとらえなおす―自然観の転換と川との共生―、農文協
（14）石崎勝義 ２０１９：堤防をめぐる不都合な真実―なぜ２０１５年鬼怒川堤防決壊は起きたか?、科学89（12）、１０９１-１１１４
（15）中村正久 ２００７：第４章 淀川水系における上下流関係と河川整備計画の策定―環境の目的化をめぐる社会的合意形成の課題―、大塚健司編：流域ガバナンス―中国・日本の課題と国際協力の展望―、アジア経済研究所、１４３-１７２
https://ir.ide.go.jp/?action=repository_action_common_download&item_id=32056&item_no=1&attribute_id=26&file_no=1
（16）淀川水系流域委員会 ２００３：新たな河川整備をめざして―淀川水系流域委員会 提言―
http://www.yodoriver.org/saishuuteigen/teigen.html

（17）古谷桂信 ２００９：どうしてもダムなんですか？―淀川流域委員会奮闘記、岩波書店
（18）近畿地方整備局 ２００７：淀川水系河川整備計画原案
https://www.kkr.mlit.go.jp/river/yodoriver_old/kaigi/iin/58th/pdf/iin58_s01-1.pdf
（19）嘉田由紀子 ２０１８：琵琶湖をめぐる住民研究から滋賀県知事としての政治実践へ―生活環境主義の展開としての知事職への挑戦と今後の課題―、環境社会学研究24、89－１０５
https://www.jstage.jst.go.jp/article/jpkankyo/24/0/24_89/_pdf/-char/ja
（20）日本経済新聞２０１９年4月16日記事：大戸川ダム 復活の足音 滋賀知事が建設容認
https://www.nikkei.com/article/DGXMZO43815440W9A410C1LKA000/
（21）建設省河川局治水課 ２０００：河川堤防設計指針第3稿
https://drive.google.com/file/d/1UgUcK4TyDTWq1GXXfXBKxn3e9vqD5u7G/view
（22）子守唄の里・五木を育む清流川辺川を守る県民の会：萩原堤防問題とは何か
https://kawabegawa.jp/testhagi_nenpyou.html
（23）子守唄の里・五木を育む清流川辺川を守る県民の会：毎日新聞２００５年4月5日朝刊記事の引用
https://kawabegawa.jp/hagiwara/20050405mainichi.html
（24）近藤徹 ２０１１：ダムと社会との関わり、ダム工学会活性化推進小委員会
http://www.jsde.jp/kassei/kassei_20shinpo-repo2.htm
（25）宮本常一 １９５８：大和川付替とその影響、水利科学2（2）、80－90
https://agriknowledge.affrc.go.jp/RN/2010845215.pdf
（26）国土交通省近畿地方整備局大和川河川事務所「わたしたちの大和川」第3章より

https://www.kkr.mlit.go.jp/yamato/about/press/watasitati/pdf/wa3syou.pdf
（27）小林茂 １９６３：近世農村経済史の研究—畿内における農民流通と農民闘争の展開、未來社
（28）関西・大阪21世紀協会：ここまで知らなかった！なにわ大坂をつくった１００人—足跡を訪ねて—第27話
河村瑞賢 https://www.osaka21.or.jp/web_magazine/osaka100/027.html
（29）松浦茂樹 １９９１：近代初期の大阪港整備計画と淀川改修計画（上）、水利科学35（２）、47–79
https://www.jstage.jst.go.jp/article/suirikagaku/35/2/35_47/_pdf/-char/ja
（30）荒武賢一朗 ２００２：近世後期における下屎の流通と価格形成、論集きんせい24、１–21
https://www.jstage.jst.go.jp/article/kinseishikenkyukai/0/24/0_1/_pdf/-char/ja
（31）上方落語メモ 第1集 その三十二、貧乏花見 http://kamigata.fan.coocan.jp/kamigata/rakugo32.htm
（32）寝屋川市誌編纂委員会 １９６６：寝屋川市誌、寝屋川市
（33）池田治司 ２００６：江州勢田川附洲浚と淀川筋御救大浚、学術文献刊行会編：日本史学年次別論文集
近世２—２００４年、２４５–２５４ http://moch2.daishodai.ac.jp/files/viewerpdf/kiyo/132.pdf

第２章

（１）中村晋一郎 ２０１４：基本高水の制度化に関する歴史研究、東京大学博士論文
https://repository.dl.itc.u-tokyo.ac.jp/?action=repository_uri&item_id=7541&file_id=14&file_no=1
（２）二階元幹事長、旧統一教会問題で「電報打ってと言われりゃ打つ」、朝日新聞デジタル２０２２年８月24日記
事 https://www.asahi.com/articles/ASQ8S63Y0Q8SUTFK00L.html
（３）近藤徹 ２０１１：ダムと社会との関わり、ダム工学会活性化推進小委員会

http://www.jsde.jp/kassei/kassei_20shinpo-repo2.htm
（4）国土交通省 ２０２２：河川砂防技術基準基本計画編 第2章 河川計画 https://www.mlit.go.jp/river/shishin_guideline/gijutsu/gijutsukijunn/keikaku/pdf/keikaku_02.pdf
（5）福井秀夫 ２０２１：大東水害最判基準を踏まえた河川改修の原理―境川金森調節池訴訟を素材として、東京都町田市金森西田スポーツ広場調節池反対運動ホームページ http://kanamorinishidachosestuike.com/20210304huku.pdf
（6）三好規正 ２０１５：水害をめぐる国家賠償責任と流域治水に関する考察、山梨学院ロー・ジャーナル10、１１５－１６３ https://ygu.repo.nii.ac.jp/?action=repository_action_common_download&item_id=3248&item_no=1&attribute_id=22&file_no=1
（7）采女博文 ２００５：自然災害と自治体の責任（2）、奄美ニューズレター22、11－17 https://core.ac.uk/download/pdf/144572455.pdf
（8）近藤徹 ２００８：治水哲学の転換期、「大阪の河川を愛する会」講演会 https://www.japanriver.or.jp/circle/oosaka_pdf/2008_kondou.pdf
（9）ダムコレクション特別展 ダムヒストリー https://www.mlit.go.jp/river/damc/special/vol04/vol4_1.html
（10）建設省河川局 １９６９：木曽川水系工事実施基本計画 https://www.mlit.go.jp/river/shinngikai_blog/shaseishin/kasenbunkakai/shouiinkai/kihonhoushin/070629/pdf/s3-2.pdf
（11）ダムインタビュー（56）近藤徹さんに聞く「受け入れる人、反対する人、あらゆる人と話し合うことでダム建設は進められる」、日本ダム協会ホームページ http://damnet.or.jp/cgi-bin/binranB/TPage.cgi?id=640
（12）愛知県長良川河口堰最適運用検討委員会 ２０２２：長良川河口堰の現在の課題と最適運用について―長

良川河口堰最適運用検討委員会10年の検討の整理と、変化の時代における長良川河口堰の課題と取り組みの方向— https://www.pref.aichi.jp/uploaded/attachment/412088.pdf
（13）座談会「河川行政の方向を語る」、河川 520、3-13、1989
（14）竹村公太郎 2007：日本の近代化における河川行政の変遷—特にダム建設と環境対策—、日本水産学会誌73（1）、103-107 https://www.jstage.jst.go.jp/article/suisan/73/1/73_1_103/_pdf
（15）国土交通省九州地方整備局大分河川国道事務所：河川整備計画とは？
http://www.qsr.mlit.go.jp/oita/river_info/ooita_kasenseibi/whats.html
（16）尾田栄章 2007：河川法改正から十年、RIVER FRONT 59、2-5
https://www.rfc.or.jp/pdf/vol_59/p_02.pdf

第3章

（1）日本学術会議 2011：河川流出モデル・基本高水評価検討等分科会（21期）議事次第
https://www.scj.go.jp/ja/member/iinkai/bunya/doboku/kako/giji-kihontakamizu.html
（2）国土交通省河川局 2006：利根川水系河川整備基本方針　基本高水等に関する資料【抜粋】
https://www.scj.go.jp/ja/member/iinkai/bunya/doboku/kako/takamizu/pdf/haifusiryou01-4.pdf
（3）国土交通省関東地方整備局 2013：利根川水系利根川・江戸川河川整備計画
https://www.ktr.mlit.go.jp/ktr_content/content/000078521.pdf
（4）虫明功臣 1981：利根川水源山地の水資源特性—初期の水力開発と流域の地質—、アーバンクボタ19、46-51 https://www.kubota.co.jp/urban/data/19.pdf

（5）大熊孝 ２０１１：意見書「昭和22年洪水の再現計算で踏まえなければならないこと」
https://yamba-net.org/doc/201106/ohkuma_ikensho.pdf
（6）関良基 ２０１８：利根川の緑のダム機能と基本高水問題、経済地理学年報64、１０２−１１２
https://www.jstage.jst.go.jp/article/jaeg/64/2/64_102/_pdf/-char/ja
（7）国土交通省：今後の治水対策のあり方に関する有識者会議
https://www.mlit.go.jp/river/shinngikai_blog/tisuinoarikata/index.html
（8）河野太郎：ごまめの歯ぎしり 続質問報告 https://www.taro.org/2016/08/%E7%B6%9A%E8%B3%AA%E5%95%8F%E9%80%9A%E5%91%8A.php
（9）国土交通省河川局長 ２０１１：河川流出モデル・基本高水の検証に関する学術的な評価について（依頼）
https://www.scj.go.jp/ja/member/iinkai/bunya/doboku/kako/takamizu/pdf/haifusiryou01-2.pdf
（10）日本学術会議 ２０１１：河川流出モデル・基本高水の検証に関する学術的な評価（回答）
https://www.scj.go.jp/ja/info/kohyo/kohyo-21-k133.html
（11）谷誠 ２０２２：森林のもつ雨水浸透貯留機能について、ランドスケープ研究86（1）、8−15
https://www.jstage.jst.go.jp/article/jila/86/1/86_8/_pdf/-char/ja
（12）太田猛彦 ２０１２：森林飽和—国土の変貌を考える、ＮＨＫ出版
（13）太田凌嘉 ２０２２：山地斜面における人為的な侵食加速の定量的評価と履歴復元：森林資源の収奪に対する応答としての土層の存続性変化と流域環境の遷移（Digest_要約）、京都大学学位論文
https://repository.kulib.kyoto-u.ac.jp/dspace/bitstream/2433/277313/1/grigk04861.pdf
（14）福嶌義宏 １９８７：花崗岩山地における山腹植栽の流出に与える影響、水利科学31（4）、17−34

https://www.jstage.jst.go.jp/article/suirikagaku/31/4/31_17/_pdf/-char/ja
（15）村上拓彦・吉田茂二郎・太田徹志・溝上展也・佐々木重行・桑野泰光・佐保公隆・清水正俊・宮崎潤二・福里和朗・小田三保・下園寿秋　２０１１：九州本島における再造林放棄地の発生率とその空間分布、日本森林学会誌93、２８０－２８７　https://www.jstage.jst.go.jp/article/jjfs/93/6/93_6_280/_pdf
（16）下川悦郎　１９９６：農業土木技術者のための森林保全学（その３）―森林の土保全機能と森林の管理―、農業土木学会誌64、２７５－２８１
https://www.jstage.jst.go.jp/article/jjsidre1965/64/3/64_3_275/_pdf/-char/ja
（17）日本学術会議土木工学・建築学委員会　２０１１：河川流出モデル・基本高水評価検討等分科会第11回議事録　https://www.scj.go.jp/ja/member/iinkai/bunya/doboku/kako/pdf/kihontakamizu-yousi2109.pdf
（18）志水俊夫　１９８０：山地流域における渇水量と表層地質・傾斜・植生との関係、林業試験場研究報告３１０、１０９－１２８　https://www.ffpri.affrc.go.jp/pubs/bulletin/301/documents/310-5.pdf
（19）虫明功臣・高橋裕・安藤義久　１９８１：日本の山地河川の流況に及ぼす流域の地質の効果、土木学会論文報告集３０９、51－62　https://www.jstage.jst.go.jp/article/jscej1969/1981/309/1981_309_51/_pdf
（20）谷誠・窪田順平　２０１１：利根川源流流域への流出解析モデル適用に関する参考意見―第一部　有効降雨分離と波形変換解析について―、日本学術会議 河川流出モデル・基本高水評価検討等分科会（第21期・第９回）配布資料
https://www.scj.go.jp/ja/member/iinkai/bunya/doboku/kako/takamizu/pdf/haifusiryou09-2.pdf
（21）Tani M. 1996: An approach to annual water balance for small mountainous catchments with wide spatial distributions of rainfall and snow water equivalent. Journal of Hydrology 183, 205–225.

https://www.sciencedirect.com/science/article/abs/pii/0022169495029834
（22）谷誠 ２０１１：洪水予測を目的とした山岳源流域の流出特性の抽出について、水文・水資源学会２０１１年度研究発表会要旨集 https://www.jstage.jst.go.jp/article/jshwr/24/0/24_0_24/_pdf/-char/ja
（23）国土交通省関東地方整備局 ２０１２：利根川・江戸川において今後20〜30年間で目指す安全の水準についての考え方 https://www.ktr.mlit.go.jp/ktr_content/content/000061902.pdf
（24）阿部紫織・清水義彦・浅沼順・佐山敬洋 ２０２０：令和元年台風19号による利根川上流域の洪水外力の推定と治水課題の考察、河川技術論文集26、71–76
https://www.jstage.jst.go.jp/article/river/26/0/26_71/_pdf/-char/ja
（25）椎葉充晴・立川康人 ２０１３：総合確率法の数学的解釈、土木学会論文集Ｂ１（水工学）69（2）、１０１–１０４ https://www.jstage.jst.go.jp/article/jscejhe/69/2/69_101/_pdf
（26）基本高水ピーク流量の検討 利根川八斗島地点 https://www.mlit.go.jp/common/000165576.pdf
（27）利根川の基本高水の検証について（概要） https://www.mlit.go.jp/common/000165843.pdf
（28）齋藤正徳・石田卓也・小島淳・前田裕太・岡部真人 ２０２２：気候変動による降雨量の増加を考慮した基本高水の設定手法の検討、河川技術論文集28、433-438
https://www.jstage.jst.go.jp/article/river/28/0/28_433/_pdf/-char/ja
（29）国土交通省関東地方整備局 ２０１３：利根川水系利根川・江戸川河川整備計画
https://www.ktr.mlit.go.jp/ktr_content/content/000078521.pdf
（30）国土交通省への谷誠要請（２０１１年8月25日）、日本学術会議分科会資料
https://www.scj.go.jp/ja/member/iinkai/bunya/doboku/takamizu/pdf/haifusiryou12-2.pdf

(31) 国土交通省への要請(２０１１年8月25日)への回答、日本学術会議分科会資料
https://www.scj.go.jp/ja/member/iinkai/bunya/doboku/takamizu/pdf/haifusiryou12-3.pdf
(32) 関東地方整備局 ２０１１ : 八ッ場ダム建設事業の検証に係る検討報告書
https://www.ktr.mlit.go.jp/ktr_content/content/000050255.pdf

第4章

(1) 近藤徹 ２０１１ : ダムと社会との関わり、ダム工学会活性化推進小委員会
http://www.jsde.jp/kassei/kassei_20shinpo-repo2.htm
(2) 肱川のダム放流を考える : 資料2 鹿野川ダムが公開したダム放流操作記録 https://thinkhijikawadam.jimdofree.com/%E8%B3%87%E6%96%99%E3%82%B3%E3%83%BC%E3%83%8A%E3%83%BC/
(3) 国土交通省四国地方整備局大洲河川国道事務所 ２０２２ : 肱川の治水計画について
https://www.skr.mlit.go.jp/oozu/kawa/A41siryo_tisuikeikaku.pdf
(4) 淀川水系河川整備計画の変更について意見を述べることにつき議決を求めることについて
https://www.shigaken-gikai.jp/voices/GikaiDoc/attach/Nittei/Nt16200_06.pdf
(5) 日本ダム協会 : ダムインタビュー(87)足立敏之氏に聞く
http://damnet.or.jp/cgi-bin/binranB/TPage.cgi?id=717
(6) 山本義隆 ２０２１ : リニア中央新幹線をめぐって―原発事故とコロナ・パンデミックから見直す、みすず書房

第5章

（1）中村尚 ２０２１：顕在化する地球温暖化と異常気象―その仕組みと防災・減災への備え―、生産研究73（４）、２１１－２２１ https://www.jstage.jst.go.jp/article/seisankenkyu/73/4/73_211/_pdf

（2）ナショナル ジオグラフィック ２００９：アマゾンの〝空飛ぶ川〟が干上がる？ https://natgeo.nikkeibp.co.jp/nng/article/news/14/2084/

（3）気象庁ホームページ：世界の地点別平年値 https://www.data.jma.go.jp/gmd/cpd/monitor/normal/index.html

（4）IAEA: Global Network of Isotopes in Precipitation（GNIP） http://www-naweb.iaea.org/napc/ih/IHS_resources_gnip.html

（5）Ohta, T., Maximov, T. C., Dolman, A. J., Nakai, T., van der Molen, M. K., Kononov, A. V., Maximov, A. P., Hiyama, T., Iijima, Y., Moors, E. J., Tanaka, H., Toba, T., Yabuki, H. 2008: Interannual variation of water balance and summer evapotranspiration in an eastern Siberian larch forest over a 7-year period（1998-2006）. Agricultural and Forest Meteorology 148（12）, 1941-1953, doi: 10.1016/j.agrformet.2008.04.012

（6）Sugimoto A., Yanagisawa N., Naito D., Fujita N., Maximov T. C. 2002: Importance of permafrost as a source of water for plants in east Siberian taiga. Ecological Research 17, 493-503. https://link.springer.com/article/10.1046/j.1440-1703.2002.00506.x

（7）飯島慈裕 ２０１９：北極域の永久凍土研究の現在：陸域環境変化の視点から、土壌の物理性１４３、５－16 https://js-soilphysics.com/downloads/pdf/143005.pdf

（8）皆見和彦・久武哲也 ２００６：森林の水源涵養論争をめぐって：山本徳三郎論ノート（Ⅶ）、甲南大学紀

要文学編144、133−209 http://doi.org/10.14990/00000858
（9）山本徳三郎 1919：森林と水源、大日本山林会
（10）武田繁後 1942：龍ノ口山水源涵養試験第一回報告、農林省山林局
（11）谷誠・細田育広 2012：長期にわたる森林放置と植生変化が年蒸発散量に及ぼす影響、水文・水資源学会誌25（2）、71−88 https://www.jstage.jst.go.jp/article/jjshwr/25/2/25_2_71/_pdf
（12）森林総合研究所：森林理水試験地データベース https://www2.ffpri.go.jp/labs/fwdb/
（13）阿部敏夫・谷誠 1985：松くい虫による松枯れが流出に及ぼす影響、日本林学会誌67（7）、261−270 https://agriknowledge.affrc.go.jp/RN/2030842368.pdf
（14）Kosugi Y., Takanashi S., Tani M., Ohkubo S., Matsuo N., Itoh M., Noguchi S., Abdul Rahim N. 2012. Effect of inter-annual climate variability on evapotranspiration and canopy CO_2 exchange of a tropical rainforest in Peninsular Malaysia. Journal of Forest Research 17, 227–240. http://dx.doi.org/10.1007/s10310-010-0235-4
（15）Takahashi A., Kumagai T., Kanamori H., Fujinami H., Hiyama T., Hara M. 2017: Impact of tropical deforestation and forest degradation on precipitation over Borneo Island. Journal of Hydrometeorology 18 (11), 2907–2922. https://journals.ametsoc.org/view/journals/hydr/18/11/jhm-d-17-0008_1.xml

第6章

（1）鈴木雅一・福嶌義宏 1989：風化花崗岩山地における裸地と森林の土砂生産量―滋賀県南部、田上山地の調査資料から、水利科学33（5）、89−100

https://www.jstage.jst.go.jp/article/suirikagaku/33/5/33_89/_pdf

（2）木本秋津・内田太郎・水山高久・小杉賢一朗・堤大三 ２００３：田上山地の裸地斜面における表面流の発生と土砂移動に関する原位置人工降雨実験、砂防学会誌55（6）、52－58 https://www.jstage.jst.go.jp/article/sabo1973/55/6/55_6_52/_pdf/-char/ja

（3）Suzuki M., Fukushima Y. 1985: Sediment yield and channel sediment storage in a bare small head water basin, Proceedings of the International Symposium on Erosion, Debris Flow and Disaster Prevention, 115-120, 1985.

（4）谷誠 ２０１６：水と土と森の科学、京都大学学術出版会

（5）谷誠 ２０２３：鉛直不飽和浸透に基づく新しい洪水流出モデルの適用による山地小流域の流出機構の再検討、水文・水資源学会誌36（1）、20－51 https://www.jstage.jst.go.jp/article/jjshwr/36/1/36_36.1741/_pdf

（6）Anderson S. P., Dietrich W. E., Montgomery D. R., Torres R., Conrad M. E., Loague K. 1997: Subsurface flow paths in a steep, unchanneled catchment. Water Resources Research 33 (12), 2637-2653. DOI:10.1029/97WR02595

（7）Montgomery D. R., Schmidt K. M., Dietrich W. E., McKean J. 2009: Instrumental record of debris flow initiation during natural rainfall: Implications for modeling slope stability. Journal of Geophysical Research 114, F01031. DOI:10.1029/2008JF001078.

（8）Montgomery D. R., Dietrich W. E., Torres R., Anderson S. P., Heffner J. T., Loague K. 1997: Hydrologic response of a steep, unchanneled valley to natural and applied rainfall. Water Resources Research 33 (1), 91-109. DOI:10.1029/96WR02985.

（９）Uchida T., Asano Y., Ohte N., Mizuyama T. 2003: Analysis of flowpath dynamics in a steep unchannelled hollow in the Tanakami Mountains of Japan. Hydrological Processes 17(2): 417-430. DOI:10.1002/hyp.1133

（10）篠宮佳樹・吉永秀一郎 ２００８：四万十川源流部の天然林斜面土層における大規模降雨イベント時の雨水の貯留・排水特性、水文・水資源学会誌21（２）、１２６－１３９ https://www.jstage.jst.go.jp/article/jjshwr/21/2/21_2_126/_pdf/-char/ja

（11）松四雄騎・外山真・松崎浩之・千木良雅弘 ２０１６：土層の生成および輸送速度の決定と土層発達シミュレーションに基づく表層崩壊の発生場および崩土量の予測．地形37、４２７－４５３

（12）松本舞恵・下川悦郎・地頭薗隆 １９９９：表層崩壊跡地における植生の自然的回復過程、日本林学会誌81（１）、65－73 https://www.jstage.jst.go.jp/article/jjfs1953/81/1/81_1_65/_pdf/-char/en

（13）谷誠・阿部敏夫・服部重昭 １９８８：風化花崗岩山地の一渓流における土砂移動の検討、砂防学会誌41（２）、13－20 https://www.jstage.jst.go.jp/article/sabo1973/41/2/41_2_13/_pdf/-char/ja

（14）谷誠・太田明・小島永裕・鶴田健二 ２０２２：38年後の崩壊跡地調査から推測した花崗岩山地ゼロ次谷の流出機構、水文・水資源学会 日本水文科学会２０２２年度研究発表会要旨集、ＯＰ－１－01 https://www.jstage.jst.go.jp/article/jshwr/35/0/35_1/_pdf/-char/ja

（15）橋本隆雄・和田陽介 ２０２２：２０２１年熱海伊豆山地区において発生した大規模土石流被害の原因分析と今後の対応について、国士舘大学理工学部紀要15、59－71

（16）北村嘉一・難波宣士 １９８１：抜根試験を通して推定した林木根系の崩壊防止機能、林業試験場研究報告３１３、１７５－２０８ https://www.ffpri.affrc.go.jp/labs/kanko/313-9.pdf

(17) 谷誠 2021：貯留関数法は斜面方向流ではなく鉛直不飽和浸透流をパラメータ化している、水文・水資源学会誌34（2）：115–126 https://www.jstage.jst.go.jp/article/jjshwr/34/2/34_115/_pdf/-char/ja
(18) Tani M., Matsushi Y., Sayama T., Sidle R. C., Kojima N. 2020: Characterization of vertical unsaturated flow reveals why storm runoff responses can be simulated by simple runoff-storage relationship models. Journal of Hydrology 588, 124982. DOI:10.1016/j.jhydrol.2020.124982
(19) 谷誠 2013：洪水流出のモデル化を圧力伝播の観点から捉え直す、水文・水資源学会誌26（5）、245–257 https://www.jstage.jst.go.jp/article/jjshwr/26/5/26_245/_pdf/-char/ja
(20) 谷誠・藤本将光・勝山正則・小島永裕・細田育広・小杉賢一朗・小杉緑子・中村正 2021。土壌喪失をともなう森林攪乱が降雨流出応答に及ぼす影響に関する地質ごとの流出機構に基づく評価、水利科学64（6）：105–148 https://www.jstage.jst.go.jp/article/suirikagaku/64/6/64_105/_pdf/-char/ja
(21) 立川康人・江崎俊介・椎葉充晴・市川温 2009：2008年7月都賀川増水における局地的大雨の頻度解析・流出解析と事故防止に向けた技術的課題について、京都大学防災研究所年報52B：1–8 https://www.dpri.kyoto-u.ac.jp/nenpo/no52/ronbunB/a52b0p01.pdf
(22) 国土交通省：「緑のダム」が整備されればダムは不要か https://www.mlit.go.jp/river/dam/main/opinion/midori_dam/midori_dam_index.html
(23) 日本学術会議 2011：河川流出モデル・基本高水の検証に関する学術的な評価（回答） https://www.scj.go.jp/ja/info/kohyo/kohyo-21-k133.html

第7章

(1) オズワルド・シュミッツ ２０２２：人新世の科学―ニュー・エコロジーがひらく地平、日浦勉訳、岩波書店

(2) 太田猛彦 ２０１２：森林飽和―国土の変貌を考える、ＮＨＫ出版

(3) コンラッド・タットマン １９９８：日本人はどのように森をつくってきたのか、熊崎実訳、築地書館

(4) 谷誠 ２０１１：治山事業百年にあたってその意義を問う―森林機能の理念を基にした計画論の構築へ向けて―、水利科学55(5)、38-59 https://www.jstage.jst.go.jp/article/suirikagaku/55/5/55_38/_pdf

(5) 笠井恭悦 １９８６：国有林野の成立―公有林官民有区分を中心として―、林業経済研究１１０、２-15 https://www.jstage.jst.go.jp/article/jfe/1986/110/1986_KJ00005719181/_pdf

(6) 熊崎実 １９８４：水源林をめぐる上流と下流―その対立と協力の歴史―、農村計画学会誌３(2)、16-23 https://www.jstage.jst.go.jp/article/arp1982/3/2/3_2_16/_pdf

(7) 林野庁：森林環境税及び森林環境譲与税 https://www.rinya.maff.go.jp/j/keikaku/kankyouzei/kankyouzei_jouyozei.html

(8) 谷本丈夫 ２００６：明治期から平成までの造林技術の変遷とその時代背景―特に戦後の拡大造林技術の展開とその功罪、森林立地48(1)、57-62 https://www.jstage.jst.go.jp/article/jjfe/48/1/48_KJ00005292036/_pdf

(9) 三好規正 ２０２０：森林管理法制の現状と課題―森林の多面的機能の維持に向けて―、自治総研５０４、39-64 https://www.jstage.jst.go.jp/article/jichisoken/46/504/46_39/_pdf/-char/ja

(10) 第38回国会　参議院　農林水産委員会　閉会後第1号　昭和36年6月30日 https://kokkai.ndl.go.jp/#/detail?minId=103815007X00119610630&current=1

（11）農林水産省：木材需給表　https://www.maff.go.jp/j/tokei/kouhyou/mokuzai_zyukyu/
（12）京都伝統文化の森推進協議会：京都三山の危機
https://kyoto-dentoubunkanomori.jp/wp-content/uploads/2020/01/brochure.pdf
（13）田仲絢子　２０１９：「林業の成長産業化」政策の経緯と課題、国立国会図書館　調査と情報―ＩＳＳＵＥ
ＢＲＩＥＦ―１０５４、１－11
https://dl.ndl.go.jp/view/download/digidepo_11276508_po_1054.pdf?contentNo=1
（14）谷誠・玉井幸治・鶴田健二・野口正二　２０１７：日本森林学会企画シンポジウム報告「収穫期を迎えた人
工林における資源循環利用と水土保全との両立」、森林科学80、42－45
https://www.jstage.jst.go.jp/article/jjsk/80/0/80_42/_pdf/-char/ja
（15）守田志郎　１９７３：小さい部落、朝日新聞社
（16）見田宗介　２００８：まなざしの地獄―尽きなく生きることの社会学、河出書房新社
（17）近藤徹　２００８：治水哲学の転換期、「大阪の河川を愛する会」講演会
https://www.japanriver.or.jp/circle/oosaka_pdf/2008_kondou.pdf
（18）近藤徹　２０１１：ダムと社会との関わり、ダム工学会活性化推進小委員会
http://www.jsde.jp/kassei/kassei_20shinpo-repo2.htm
（19）近藤徹　２００９：土木は今　何をするべきか、日刊建設新聞社
http://www.co-press.com/interview/int-04kondo.html
（20）広井良典　２０２１：無と意識の人類史―私たちはどこへ向かうのか、東洋経済新報社
（21）見田宗介　２０１８：現代社会はどこに向かうか―高原の見晴らしを切り開くこと、岩波書店

第8章

(1)柄谷行人 1990:マルクスその可能性の中心、講談社
(2)安冨歩 2008:生きるための経済学―〈選択の自由〉からの脱却、NHK出版
(3)見田宗介 1996:現代社会の理論―情報化・消費化社会の現在と未来、岩波書店
(4)future earth日本委員会ホームページ:https://japan.futureearth.org/
(5)HUFFPOST:グレタ・トゥーンベリさん、国連で怒りのスピーチ。「あなたたちの裏切りに気づき始めています」(スピーチ全文)
https://www.huffingtonpost.jp/entry/greta-thunberg-un-speech_jp_5d8959e6e4b0938b5932fcb6
(6)谷口光臣 2006:大東水害訴訟を顧みて、「大阪の河川を愛する会」講演会
https://www.japanriver.or.jp/circle/oosaka_pdf/2006_taniguchi.pdf
(7)谷口真人 2018:水文学の課題と未来:学際研究と超学際研究の視点から、日本水文科学会誌48(3)、133-146 https://www.jstage.jst.go.jp/article/jahs/48/3/48_133/_pdf/-char/ja
(8)日本学術会議 2016:提言 持続可能な地球社会の実現をめざして―Future Earth(フューチャー・アース)の推進― https://www.scj.go.jp/ja/info/kohyo/pdf/kohyo-23-t226.pdf
(9)西條辰義 2018:フューチャー・デザイン―持続可能な自然と社会を将来世代に引き継ぐために―、環境経済・政策研究11(2)、29-42 https://www.jstage.jst.go.jp/article/reeps/11/2/11_29/_pdf/-char/ja
(10)座談会「河川行政の方向を語る」河川520、3-13、1989
(11)真木悠介 2008:自我の起原―愛とエゴイズムの動物社会学、岩波書店
(12)桑村哲生 2001:生命の意味―進化生態からみた教養の生物学、裳華房

(13) リチャード・ドーキンス 2018：利己的な遺伝子（40周年記念版）、日高敏隆・岸由二・羽田節子・垂水雄二訳、紀伊國屋書店
(14) 北原曜 2010：森林根系の崩壊防止機能、水利科学53（6）、11-37
https://www.jstage.jst.go.jp/article/suirikagaku/53/6/53_11/_pdf/-char/ja
(15) 谷誠 2016：水と土と森の科学、京都大学学術出版会
(16) 国立環境研究所 1999：シベリア・永久凍土地帯のカラマツ林—地球温暖化の潜在的な影響をさぐる—、地球環境研究センターニュース9（8）http://takenaka-akio.org/repro/cger/9_8.html
(17) カール・ヤスパース 1964：歴史の起源と目標（ヤスパース選集9）、重田英世訳、理想社
(18) 見田宗介 2018：現代社会はどこに向かうか—高原の見晴らしを切り開くこと、岩波書店
(19) 柄谷行人・見田宗介・大澤真幸 2019：戦後思想の到達点、NHK出版

谷 誠（たに まこと）

1950年大阪生まれ。京都大学名誉教授。農学博士。京都大学大学院農学研究科林学専攻博士課程修了。国家公務員試験（砂防学）合格、1981年農林水産省林野庁林業試験場入省。関西支場防災研究室で竜ノ口山森林理水試験研究に従事。1988年森林総合研究所（林業試験場を改組）森林環境部気象研究室長。マレーシア熱帯雨林のタワーでの蒸発散観測研究などを行う。1999年京都大学大学院農学研究科地域環境科学専攻森林水文学分野教授。2016年退職。2016年〜2021年人間環境大学特任教授。現在も水循環・流出モデル・災害論などの研究を続けている。

一般社団法人縮小社会研究会会員。2012年〜2014年一般社団法人水文・水資源学会会長、2014年公益社団法人日本地球惑星科学連合フェロー。

2022年日本農学賞・読売農学賞受賞。

著作：『水と土と森の科学』（単著、京都大学学術出版会、2016）、『森林と災害』（共著、共立出版、2018）など。

＊クレジットの記載がない写真はすべて筆者撮影
＊カバー袖写真①／鈴木雅一、カバー袖写真③／鶴田健二

矛盾の水害対策
—公共事業のゆがみを川と森と人のいとなみからただす—

2023年12月2日　第1版第1刷発行

著　者　谷 誠
発行者　株式会社 新泉社
　　　　東京都文京区湯島1-2-5 聖堂前ビル
　　　　TEL 03-5296-9620　FAX 03-5296-9621

印刷・製本　株式会社 太平印刷社

ISBN 978-4-7877-2315-4　C0040